한국인의 말하기 취약점 집중공략 OPIc IL

1판 1쇄 발행 2016. 7. 29.
　2쇄 발행 2018. 7. 31.

저자 멀티캠퍼스 외국어연구소
기획 멀티캠퍼스 외국어연구소

펴낸이 박민우
기획팀 송인성, 김선명, 박종인
편집팀 박우진, 김영주, 김정아, 최미라, 전혜련
관리팀 임선희, 정철호, 김성언, 권주련, 이지율
펴낸곳 멀티캠퍼스 하우
주소 서울시 중랑구 망우로68길 48
전화 (02)922-7090
팩스 (02)922-7092
홈페이지 http://www.hawoo.co.kr
e-mail hawoo@hawoo.co.kr
등록번호 제2014-18호

값 18,000원
ISBN 979-11-955278-9-2

Copyright ⓒ 2018 by Multicampus Co., Ltd.

All rights reserved.
No part of this publication may be reproduced, stored in a retrieval system,
or transmitted in any form or by any means, electronic, mechanical, photocopying, recording,
or otherwise, without the prior permission of the publisher.

이 책은 저작권법에 따라 보호받는 저작물이므로 무단전재와 무단복제를 금지하며,
이 책 내용의 전부 또는 일부를 이용하려면 반드시 저작권자와 출판권자의 서면 동의를 받아야 합니다.

모범답변 MP3 다운로드 www.opic.co.kr 접속 후 '북&앱북'에서 다운로드

OPIc IL

멀티캠퍼스

머리말

OPIc시험의 필요성

기존의 듣기·읽기 위주의 영어평가 시험에서 현재 말하기와 쓰기영역이 도입되어 영어평가를 위한 영어능력 향상을 위한 변화가 일어나고 있습니다. 실질적인 영어 구사능력에 대한 사회적 요구가 증대되고 있습니다. 이런 배경으로 영어 구사력을 공신력 있게 평가하는 OPIc(Oral Proficiency Interview-computer)의 역할이 점점 커지고 있습니다.

OPIc은 현재 삼성그룹, CJ그룹, LG전자, SK 등 국내 많은 기업들의 신입사원 채용 용도로 쓰이는 것은 물론 승진 및 인사고과에도 활용되고 있어 해마다 응시자의 수가 늘어나고 앞으로도 OPIc의 필요성은 증가될 것으로 보입니다. OPIc시험이 다른 영어시험들에 비해 몇 가지 특징들을 가지고 있으므로 다른 시험들과의 차별성을 가지고 있습니다.

첫째, 시험 종료 후 보통 5일 이내에 시험성적이 나온다는 것이 가장 큰 장점으로 손꼽히고 있습니다.

둘째, 시험 전 Background Survey(하는 일, 경험, 관심 분야, 선호도 조사)와 Self-Assessment (본인의 말하기 수준)를 통한 맞춤형 평가입니다. 기존의 공인영어점수와 영어실력의 차이가 가장 큰 문제였던 시험들에 비하여 OPIc은 Background Survey를 통해 본인의 말하기 실력을 세분화하여 전문적으로 측정하고 있습니다.

셋째, 오리엔테이션을 제외한 총 40분의 시험시간으로 많은 발화 기회가 주어지기 때문에 수험자의 영어실력을 가장 정확하게 측정할 수 있습니다.

따라서 앞으로도 영어 말하기의 중요성이 강조되는 현 상황에서 정확한 말하기 실력을 측정하기 위해서는 실생활의 목적들과 가장 유사한 유형의 시험인 OPIc의 위상은 높아질 것으로 예상됩니다. 이에 수동적인 영어 학습 형태에서 벗어나 능동적인 영어 학습자로서 꾸준한 말하기 연습을 통해 OPIc시험에서 고득점을 받기 위해 노력해 봅시다.

2012 New ACTFL Proficiency Guidelines

새롭게 적용된 2012 ACTFL Proficiency Guidelines는 2011년까지 사용되어 왔던 것을 발전시켜 구성에는 크게 차이가 없지만 최고급 수준이었던 Superior보다 더 높은 수준인 Distinguished 수준을 새로 설정한 것이 가장 큰 변화입니다. 하지만 Distinguished level은 평가에서 직접 부여하여 사용하지 않고 Superior의 수준을 평가할 때의 참고 자료로만 활용하도록 되어있습니다. 그 밖에 구체적인 언어 수준 기술의 명료성을 위하여, 특히 Intermediate High와 Advanced Low, Advanced High와 Superior 사이의 능력 수준 확정을 보다 명료하게 할 수 있도록 용어 사용이나 중복 기술 등의 문제를 제거하여 체계성을 확립하였습니다. 또한 듣기, 말하기, 읽기, 쓰기의 네 기능 모두를 종합적으로 고려하여 ACTFL Proficiency Guidelines를 기술하였다는 점에서 언어능력 수준 기술의 체계성과 완결성이 훨씬 더 커졌다고 할 수 있겠습니다.

한국인의 말하기 취약점 집중공략 OPIc IL

OPIc 시험은 Background Survey를 기반으로 한 개인 맞춤형 시험입니다. 시험 전 본인이 선택한 관심사를 중점으로 질문이 출제되기 때문에 채점자들도 수험자의 개인의 경험에 대한 차별화된 이야기를 듣고 싶어합니다. 하지만 시험을 준비해야 하는 수험자에게 이는 큰 부담이 아닐 수 없습니다. 그래서 한국인의 말하기 취약점 집중공략 OPIc IL이 OPIc을 준비하는 수험자에게 해법을 제시해 드립니다. 문제를 보고 자신의 답변에 필요한 답변 구성 요소를 생각해 볼 수 있도록 아이디어 flow를 정해 자신의 생각을 정리해본 뒤 Core Expressions을 통해 알맞은 표현을 학습할 수 있게 도와드립니다. OPIc IL을 달성하기 위해 꼭 필요한 문장 구성 능력을 키우기 위해 학습한 표현을 완벽한 문장으로 구성하는 연습을 할 수 있습니다. 시험을 처음 준비하는 학습자들도 스스로 답안을 완성할 수 있도록 자세한 Guide를 제공하여 논리적인 답안을 만들어 나갈 수 있도록 한국인의 말하기 취약점 집중공략 OPIc IL이 도와드리겠습니다. 이제부터 영어에 대한 자신감을 가지고 OPIc에 도전해 보세요. 어느새 논리적이고 체계적으로 이야기할 수 있는 자신을 발견할 수 있을 것입니다. 한국인의 말하기 취약점 집중공략 OPIc IL은 OPIc 고득점을 넘어 전반적인 말하기 능력의 향상을 이룰 수 있기를 기대합니다.

포기하지 마세요! Never Give Up!

차 례

- 학습 Schedule … 8
- Structure and Features … 10
- OPIc 소개 … 12
- Background Survey … 14
- OPIc FAQ … 16

| 학습 목차 |

Chapter 01 자기소개 … 19

Chapter 02 가족 … 27

Chapter 03 거주지 … 35

Chapter 04 회사 … 43

Chapter 05 음악감상 … 51

Chapter 06 박물관 … 59

Chapter 07 인터넷 … 67

Chapter 08 TV/DVD … 75

Oral Proficiency Interview-computer

Chapter 09	신문	83
Chapter 10	문자 보내기	91
Chapter 11	카페 가기	99
Chapter 12	해외 여행	107
Chapter 13	여행사	115
Chapter 14	질문하기	123
Chapter 15	날씨	131

학습 Schedule

■ 한 달 완성: 주5일 / 20강(90분 강의기준)

Week	월	화	수	목	금
Week 1	Lesson 01	Lesson 02	Lesson 03	Lesson 04	Review
Week 2	Lesson 05	Lesson 06	Lesson 07	Lesson 08	Review
Week 3	Lesson 09	Lesson 10	Lesson 11	Lesson 12	Review
Week 4	Lesson 13	Lesson 14	Lesson 15	Review	Mock-Up

Week	월	화	수	목	금
Week 1	Chapter 01 자기소개	Chapter 02 가족	Chapter 03 거주지	Chapter 04 회사	Review
Week 2	Chapter 05 음악감상	Chapter 06 박물관	Chapter 07 인터넷	Chapter 08 TV/DVD	Review
Week 3	Chapter 09 신문	Chapter 10 문자 보내기	Chapter 11 카페 가기	Chapter 12 해외 여행	Review
Week 4	Chapter 13 여행사	Chapter 14 질문하기	Chapter 15 날씨	Review	Mock-Up

■ 두 달 완성: 주3일 (월,수,금) / 24강(90분 강의기준)

Week	월	수	금
Week 1	Lesson 01	Lesson 02	Review
Week 2	Lesson 03	Lesson 04	Review
Week 3	Lesson 05	Lesson 06	Review
Week 4	Lesson 07	Lesson 08	Review
Week 5	Lesson 09	Lesson 10	Review
Week 6	Lesson 11	Lesson 12	Review
Week 7	Lesson 13	Lesson 14	Review
Week 8	Lesson 15	Review	Mock-Up

Week	월	수	금
Week 1	Chapter 01 자기소개	Chapter 02 가족	Review
Week 2	Chapter 03 거주지	Chapter 04 회사	Review
Week 3	Chapter 05 음악감상	Chapter 06 박물관	Review
Week 4	Chapter 07 인터넷	Chapter 08 TV/DVD	Review
Week 5	Chapter 09 신문	Chapter 10 문자 보내기	Review
Week 6	Chapter 11 카페 가기	Chapter 12 해외 여행	Review
Week 7	Chapter 13 여행사	Chapter 14 질문하기	Review
Week 8	Chapter 15 날씨	Review	Mock-Up

Structure and Features

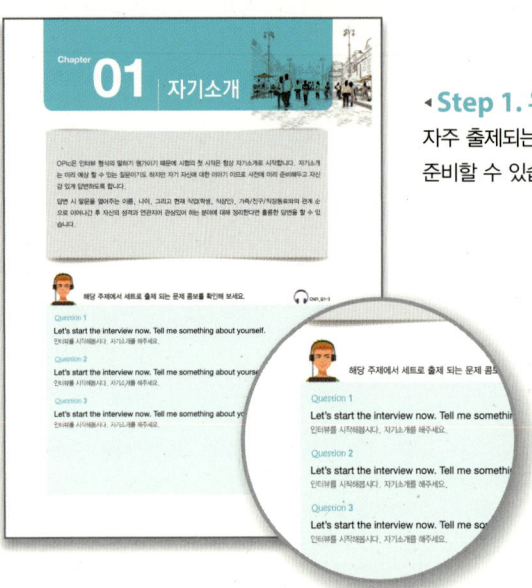

◀ **Step 1. 유형 알아보기**
자주 출제되는 문제 유형을 미리 알아보고, 답변 전략을 준비할 수 있습니다.

◀ **Step 2. 질문 듣기 연습하기**
빈출 문제를 들어보고 문제 속 키워드 문장을 찾는 연습을 할 수 있습니다. 듣기 연습을 통해 문제를 정확하게 듣고 키워드를 골라내는 능력을 향상시킬 수 있습니다. 키워드를 힌트로 답변 속에 포함시켜야 하는 구체적인 내용을 미리 떠올려볼 수 있습니다.

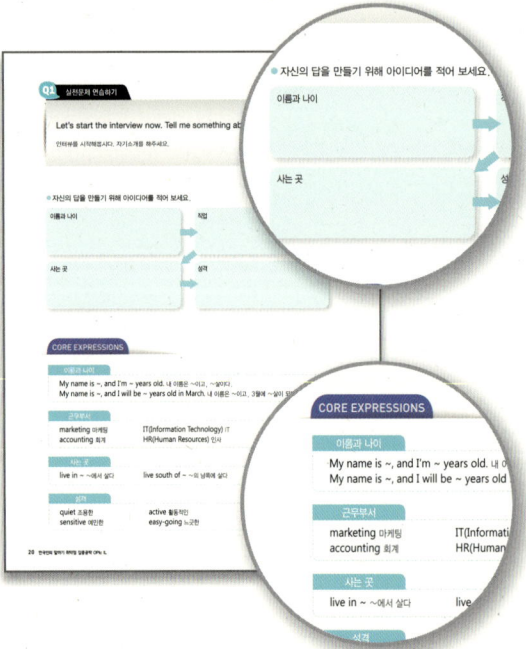

◀ **Step 3. 실전문제 연습하기**
실전문제 연습하기에서는 주어진 문제에 대답하기 위해 필요한 답변 요소를 생각해 보고 답변 구조를 만들어 보는 연습을 할 수 있습니다. 주어진 키워드를 보고 자신의 답변에 포함시킬 표현들을 생각해 봅니다.

◀ **Step 4. CORE EXPRESSIONS**
자신의 아이디어에 맞게 활용 할 수 있는 주요 표현을 답변 구조에 맞추어 확인 할 수 있습니다. 답변 구성에 맞추어 자신이 필요한 표현을 연습하고 활용해 봅니다.

Oral Proficiency Interview-computer

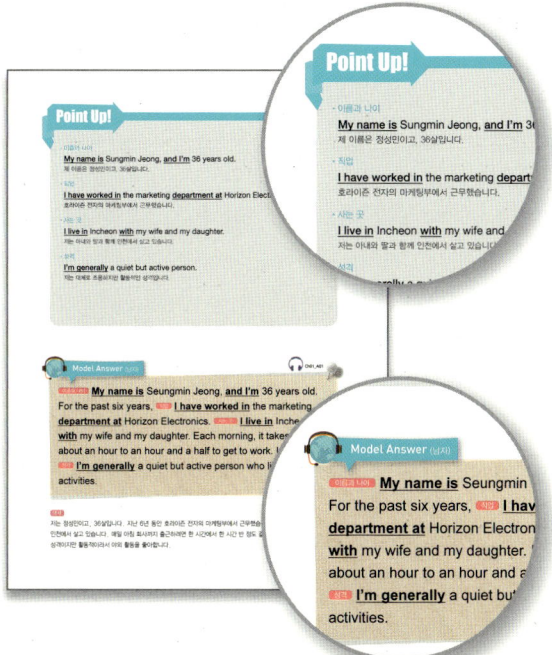

◀ **Step 5.** 핵심표현 알아보기

Core Expressions에서 학습한 표현을 문장에 적용하는 연습을 할 수 있습니다.

◀ **Step 6.** Model Answer

모범 답변을 활용하여 나만의 답변을 만들고, 말하는 연습을 합니다.

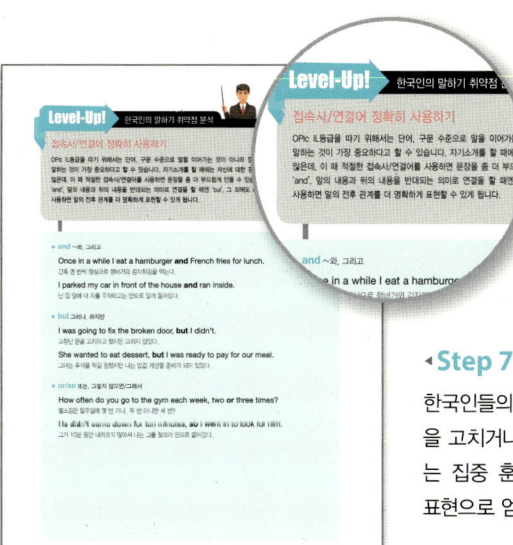

◀ **Step 7.** 한국인의 말하기 취약점 분석 Tip

한국인들의 영어 말하기 취약점이 무엇인지 파악하고, 발화 습관을 고치거나, 같은 말도 더 세련되고, 올바른 영어 표현으로 말하는 집중 훈련을 합니다. 실제 시험에서 사용하면 좋은 전략적 표현으로 엄선하였습니다.

11

OPIc 소개

OPIc이란?

OPIc(Oral Proficiency Interview-computer)은 면대면 외국어 인터뷰 OPI를 최대한 Interview와 가깝게 만든 iBT기반의 외국어 말하기 평가로서, 외국어 전문 교육 연구 단체인 ACTFL(American Council on the Teaching of Foreign Languages)에서 개발한 공신력 있는 말하기 평가입니다. OPIc은 단순히 문법이나 어휘 등을 얼마나 많이 알고 있는가 보다는 실제 상황에서 얼마나 효과적이고 적절하게 언어를 구사하는지를 측정하는 객관적인 평가로, 국내에서는 2007년 시작되어 현재 약 1,000여 개 기업 및 기관에서 OPIc을 채용과 인사고과 등에 활발하게 활용하고 있습니다. 현재 OPIc은 영어뿐만 아니라 중국어, 러시아어, 스페인어 등 총 44개의 언어평가를 제공함으로써 다양한 언어를 동일한 기준으로 평가할 수 있는 유일한 외국어 말하기 평가로 자리매김하였습니다.

OPIc 진행과정

ORIENTATION(약 15분)

1. **Background Survey** — 인터뷰 문항을 위한 사전 설문
2. **Self Assessment** — 시험의 난이도 결정을 위한 자가 평가
3. **Overview of OPIc** — 화면 구성, 문항 청취 및 답변 방법 안내
4. **Sample Question** — 실제 답변 방법 연습

시험시간(40분)

1. **1st Session**
   - 개인 맞춤형 문항
   - 질문 청취 2회
   - 문항별 답변 시간 제한 無
   - 약 7문항 출제

2. **난이도 재조정**
   - Self Assessment(2차 시험 난이도 선택)
   - 쉬운 질문 / 비슷한 질문 / 어려운 질문 中선택

3. **2nd Session**
   - 개인 맞춤형 문항
   - 질문 청취 2회
   - 문항별 답변 시간 제한 無
   - 약 5~8문항 출제

OPIc 등급

OPIc의 등급은 크게 세 가지, 작게는 일곱 가지로 세분화됩니다.

- **Novice**: '초보자'라는 뜻으로 OPIc에서는 '초급' 단계입니다.
- **Intermediate**: '중간'이라는 뜻으로 OPIc에서는 '중급' 단계입니다.
- **Advanced**: '고급의'라는 뜻으로 OPIc에서는 가장 높은 '고급' 단계입니다.

이 세 가지의 등급을 세분화해서 다음과 같이 구분하게 됩니다.

- Novice Low, Novice Mid, Novice High
- Intermediate Low, Intermediate Mid(1~3), Intermediate High
- Advanced Low

OPIc의 모체인 OPI에서는 Advanced도 Low, Mid, High로 구분되지만, 컴퓨터로 시험을 보는 OPIc에서는 Advanced Low라는 등급 하나만 부여됩니다.

AL Advanced LOW	사건을 서술할 때 일관적으로 동사 시제를 관리하고, 사람과 사물을 묘사할 때 다양한 형용사를 사용한다. 적절한 위치에서 접속사를 사용하기 때문에 문장 간의 결속력도 높고 문단의 구조를 능숙하게 구성할 수 있다. 익숙하지 않은 복잡한 상황에서도 문제를 설명하고 해결할 수 있는 수준의 능숙도이다.
IH Intermediate HIGH	개인에게 익숙하지 않거나 예측하지 못한 복잡한 상황을 만날 때, 대부분의 상황에서 사건을 설명하고 문제를 효과적으로 해결한다. 발화량이 많고, 다양한 어휘를 사용한다.
IM Intermediate MID	일상적인 소재뿐 아니라 개인적으로 익숙한 상황에서는 문장을 나열하며 자연스럽게 말할 수 있다. 다양한 문장 형식이나 어휘를 실험적으로 사용하려고 하며 상대방이 조금만 배려해 주면 오랜 시간 대화가 가능하다.
IL Intermediate LOW	일상적인 소재에서는 문장으로 말할 수 있다. 대화에 참여하고 선호하는 소재에서는 자신감을 가지고 말할 수 있다.
NH Novice HIGH	일상적인 대부분의 소재에 대해서 문장으로 말할 수 있다. 개인 정보라면 질문을 하고 응답을 할 수 있다.
NM Novice MID	이미 암기한 단어나 문장으로 말하기를 할 수 있다.
NL Novice LOW	제한적인 수준이지만 영어 단어를 나열하며 말할 수 있다.

＊ Intermediate Mid의 경우 Mid 1, Mid 2, Mid 3로 세분화하여 제공합니다.

Background Survey (배경 설문)

2015. 11월 변경 반영

OPIc의 개인 맞춤형 문제는 Background Survey에 대한 응답을 기초로 출제됩니다. 나에게는 어떤 맞춤형 문제가 출제될지 미리 생각해 보세요.

1 현재 귀하는 어느 분야에 종사하고 계십니까?
☐ 사업/회사   ☐ 재택근무/재택사업   ☐ 교사/교육자   ☐ 군 복무   ☐ 일 경험 없음

1.1. 현재 귀하는 직업이 있으십니까?
☐ 네   ☐ 아니요

1.1.1. 귀하의 근무 기간은 얼마나 되십니까?
☐ 첫 직장 – 2개월 미만   ☐ 첫 직장 – 2개월 이상   ☐ 첫 직장 아님 – 경험 많음

1.1.1.1. 당신은 부하 직원을 관리하는 관리직을 맡고 있습니까?
☐ 네   ☐ 아니요

문항 1에서 교사/교육자로 답변했을 경우

1.1. 당신은 어디에서 학생을 가르치십니까?
☐ 대학 이상   ☐ 초등/중/고등학교   ☐ 평생교육

1.1.1. 귀하의 근무 기간은 얼마나 되십니까?
☐ 2개월 미만 – 첫 직장
☐ 2개월 미만 – 교직은 처음이지만 이전에 다른 직업을 가진 적이 있음
☐ 2개월 이상

2 현재 귀하는 학생이십니까?
☐ 네   ☐ 아니요

2.1. 현재 어떤 강의를 듣고 있습니까?
☐ 학위 과정 수업   ☐ 전문 기술 향상을 위한 평생 학습   ☐ 어학 수업

2.2. 최근 어떤 강의를 수강했습니까?
☐ 학위 과정 수업
☐ 전문 기술 향상을 위한 평생 학습
☐ 어학 수업
☐ 수업 등록 후 5년 이상 지남

3 현재 귀하는 어디에 살고 계십니까?
☐ 개인주택이나 아파트에 홀로 거주
☐ 친구나 룸메이트와 함께 주택이나 아파트에 거주
☐ 가족(배우자/자녀/기타 가족 일원)과 함께 주택이나 아파트에 거주
☐ 학교 기숙사   ☐ 군대 막사

아래의 4~7번 문항에서 12개 이상을 선택해 주시기 바랍니다.

4 귀하는 여가 활동으로 주로 무엇을 하십니까? (두 개 이상 선택)
☐ 영화 보기   ☐ 클럽/나이트클럽 가기   ☐ 공연 보기   ☐ 콘서트 보기
☐ 박물관 가기   ☐ 공원 가기   ☐ 캠핑하기   ☐ 해변 가기
☐ 스포츠 관람   ☐ 주거 개선   ☐ 술집/바에 가기   ☐ 카페/커피전문점 가기
☐ 게임하기(비디오, 카드, 보드, 휴대폰 등)   ☐ 당구 치기   ☐ 체스하기
☐ SNS에 글 올리기   ☐ 친구들과 문자대화하기 ☐ 시험 대비 과정 수강하기
☐ TV보기   ☐ 리얼리티쇼 시청하기   ☐ 뉴스를 보거나 듣기
☐ 요리 관련 프로그램 시청하기   ☐ 쇼핑하기
☐ 차로 드라이브하기 ☐ 스파/마사지샵 가기   ☐ 구직활동하기   ☐ 자원봉사하기

5 귀하의 취미나 관심사는 무엇입니까? (한 개 이상 선택)
☐ 아이에게 책 읽어 주기   ☐ 음악 감상하기   ☐ 악기 연주하기   ☐ 춤추기
☐ 글쓰기(편지, 단문, 시 등) ☐ 그림그리기   ☐ 요리하기   ☐ 애완동물 기르기
☐ 독서   ☐ 주식 투자하기   ☐ 신문 읽기   ☐ 여행 관련 잡지나 블로그 읽기
☐ 사진 촬영하기   ☐ 혼자 노래 부르거나 합창하기

6 귀하는 주로 어떤 운동을 즐기십니까? (한 개 이상 선택)
☐ 농구   ☐ 야구/소프트볼 ☐ 축구   ☐ 미식축구
☐ 하키   ☐ 크리켓   ☐ 골프   ☐ 배구
☐ 테니스   ☐ 배드민턴   ☐ 탁구   ☐ 수영
☐ 자전거   ☐ 스키/스노보드 ☐ 아이스 스케이트   ☐ 조깅
☐ 걷기   ☐ 요가   ☐ 하이킹/트레킹   ☐ 낚시
☐ 헬스   ☐ 태권도   ☐ 운동 수업 수강하기 ☐ 운동을 전혀 하지 않음

7 당신은 어떤 휴가나 출장을 다녀온 경험이 있습니까? (한 개 이상 선택)
☐ 국내 출장   ☐ 해외 출장   ☐ 집에서 보내는 휴가   ☐ 국내 여행   ☐ 해외 여행

OPIc FAQ

01 OPIc 시험 중 필기구를 사용하여 답변을 준비해도 되나요?

OPIc 응시자는 필기구를 소지하고 시험장에 입실할 수 없습니다. 따라서 시험 중에 필기구를 이용하여 메모가 불가능하며 적발 시 부정행위로 처리되어 퇴실 조치되며 OPIc시험 규정에 따라 향후 시험 응시 기회에 제한을 받습니다.

02 무조건 길게 말하는 것이 도움이 되나요?

짜임새 없는 내용으로 길게 말하는 것보다는 질문이 요구하는 내용에 충실한 답변으로 정확한 문법과 표현을 사용하여 논리적으로 표현할 때 좋은 평가를 받을 수 있습니다. 또한 기-승-전-결 혹은 서론-본론-결론의 짜임새 있는 구성으로 답변해야 합니다. 공식적인 수치는 아니지만, 주어진 시간 내 모든 문제에 풍부한 내용으로 답변을 하려면 한 문항당 짧으면 1분, 일반적으로 2분에서 2분30초 이상 말할 수 있도록 준비하는 것이 좋습니다.

03 Background Survey 응답 내용대로만 출제되나요?

그렇지 않습니다. 시험 전에 체크한 Background Survey 결과는 나에게 맞는 맞춤형 문항이 출제되는데 영향을 주지만, 그 외 시스템으로 선별된 문항도 출제됩니다. 즉, 여러분이 선택하지 않은 내용에서도 문제가 출제됩니다. 일반적으로 여러분 일상생활에서 일어나는 일들을 위주로 문제가 출제되며, 전문적인 내용이 출제되더라도 일상생활과 연결되어 있는 질문들이 출제됩니다. OPIc 등급 향상을 위해서 Background Survey 항목에 관련된 답변만을 무조건 외우기보다는 평소에 다양한 말하기 연습을 하는 것이 도움이 될 것입니다.

04 OPIc 문제 중 Background Survey 내용과 관련이 없는 내용이 나오면 답변하지 않아도 되나요?

아닙니다. 수험자는 주어진 문항에 대해서 모두 답변을 진행해야 합니다. Background Survey를 통해 수험자의 개인 맞춤형 문항의 출제가 가능하지만 다른 영역 질문 또한 출제되어 수험자가 예상하지 못한 문제에 대한 상황 대처 능력 및 순발력을 평가합니다. 따라서 질문에 대한 답변이 진행되지 않는 경우 감점의 요인이 될 수 있습니다. Background Survey에서 선택한 내용과 다른 문제가 출제되더라도 당황하지말고 최선을 다해서 성실하게 답변하는 것이 좋습니다.

05 시험 보는 중간에 Self Assessment로 레벨을 변경하는 것이 성적에 영향이 있나요?

처음에 높은 레벨로 시작했다가 중간에 낮은 레벨로 바꾸거나, 그 반대로 낮은 레벨에서 시작해서 높은 레벨로 바꾸는 그 자체로 성적이 바뀌지는 않습니다. 주어진 답변에 얼마나 충실하게 답변했는지가 성적을 좌우한다고 보면 됩니다. 그러나 나의 영어실력과 너무 동떨어진 레벨을 선택하는 것은 바람직하지 않습니다.

06 문제를 반복해서 들으면 성적이 좋지 않게 나오는 것이 사실인가요?

문제 풀기 전략 중 하나로 문제를 습관적으로 반복해서 듣는 사람들이 있습니다. 문제를 반복 청취하는 것이 성적에 직접적으로 영향을 미치는 것은 아니지만, 문제를 반복 청취했을 때 답변 시간이 줄어들 수 밖에 없으므로, 시간 관리에 어려움을 느낄 수도 있습니다. OPIc 문제의 답변 시간은 질문 청취 시간을 제외하고 약 35분 가량입니다. 따라서 주어진 시간 내 모든 문제에 효율적으로 답변할 수 있도록 시간을 활용해야 합니다.

07 발음이 안 좋거나 더듬거리면 성적에 나쁜 영향을 주게 되나요?

발음은 이해가 가능한 수준일 경우 크게 영향을 미치지 않는 것으로 알려져 있습니다. 그러나 메시지 전달이 불가능할 정도로 매끄럽지 않은 경우에는 채점이 어려울 수 있습니다.

08 OPIc 시험은 현장에서 결과를 직접 확인할 수 있나요?

OPIc 정기시험은 시험 응시일로부터 5일(영업일 기준) 후 13:00부터 OPIc 홈페이지(www.opic.or.kr)에서 확인 가능합니다.

09 OPIc 시험 일정은 1년에 몇 번 정도 있나요?

OPIc은 35개 지역 120개 센터에서 매일 정기 시험을 진행합니다. 자세한 사항은 OPIc 홈페이지(www.opic.or.kr)에서 확인 가능합니다.

10 성적이 UR이라고 나오는 것은 무엇을 의미하나요?

"UR"은 Unable to Rate를 의미합니다. UR이 나오는 경우는 녹음 불량, 녹음 음량이 너무 작은 경우, 수험자가 자신이 없어 답변을 하지 않은 경우입니다. 수험자의 과실인 경우 응시료 환불은 없으며 재시험의 기회도 없습니다. 시스템적인 오류로 UR이 나왔을 경우 한 번의 재시험 기회를 드립니다.

11 Waiver란 무엇이며, 어떻게 사용하나요?

개발기관인 ACTFL의 정책에 따라 OPIc에 응시한 모든 수험자는 마지막 응시일로부터 25일 경과 후 시험에 응시할 수 있습니다. Waiver란 25일 이내에 시험을 재 응시 할 수 있는 기회로, 150일 단위로 부여되며 응시제한규정 기간 내에 시험 신청 시 Waiver는 별도의 신청 없이 자동으로 적용됩니다. 신청한 시험에 결시할 경우 Waiver는 적용되지 않습니다.

Chapter 01 | 자기소개

OPIc은 인터뷰 형식의 말하기 평가이기 때문에 시험의 첫 시작은 항상 자기소개로 시작합니다. 자기소개는 미리 예상 할 수 있는 질문이기도 하지만 자기 자신에 대한 이야기 이므로 사전에 미리 준비해두고 자신감 있게 답변하도록 합니다.

답변 시 말문을 열어주는 이름, 나이, 그리고 현재 직업(학생, 직장인), 가족/친구/직장동료와의 관계 순으로 이어나간 후 자신의 성격과 연관지어 관심있어 하는 분야에 대해 정리한다면 훌륭한 답변을 할 수 있습니다.

 해당 주제에서 세트로 출제 되는 문제 콤보를 확인해 보세요.  Ch01_Q1~3

Question 1

Let's start the interview now. Tell me something about yourself.
인터뷰를 시작해봅시다. 자기소개를 해주세요.

Question 2

Let's start the interview now. Tell me something about yourself.
인터뷰를 시작해봅시다. 자기소개를 해주세요.

Question 3

Let's start the interview now. Tell me something about yourself.
인터뷰를 시작해봅시다. 자기소개를 해주세요.

Q1 실전문제 연습하기

Let's start the interview now. Tell me something about yourself.

인터뷰를 시작해봅시다. 자기소개를 해주세요.

● 자신의 답을 만들기 위해 아이디어를 적어 보세요.

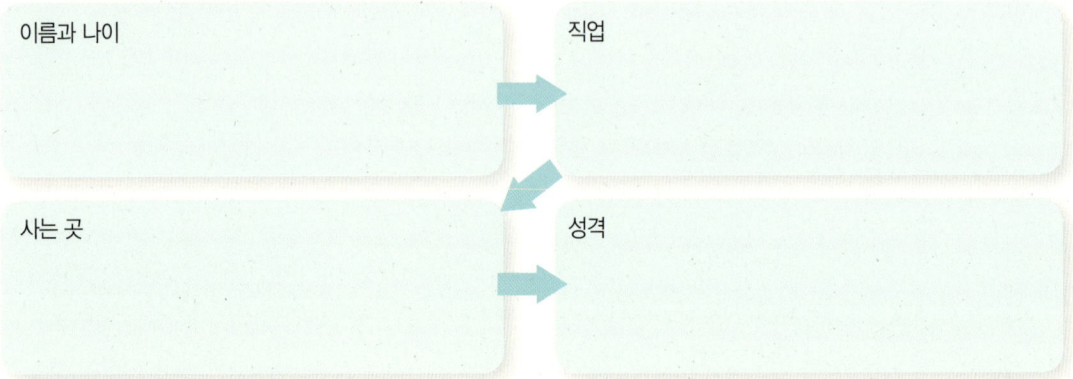

이름과 나이 → 직업
사는 곳 → 성격

CORE EXPRESSIONS

이름과 나이

My name is ~, and I'm ~ years old. 내 이름은 ~이고, ~살이다.
My name is ~, and I will be ~ years old in March. 내 이름은 ~이고, 3월에 ~살이 되다.

근무부서

marketing 마케팅	IT(Information Technology) IT	R&D 연구소
accounting 회계	HR(Human Resources) 인사	

사는 곳

live in ~ ~에서 살다   live south of ~ ~의 남쪽에 살다

성격

quiet 조용한	active 활동적인	outgoing 외향적인
sensitive 예민한	easy-going 느긋한	short-tempered 성급한

Point Up!

- 이름과 나이

  My name is Sungmin Jeong, **and I'm** 36 years old.
  제 이름은 정성민이고, 36살입니다.

- 직업

  I have worked in the marketing **department at** Horizon Electronics.
  호라이즌 전자의 마케팅부에서 근무했습니다.

- 사는 곳

  I live in Incheon **with** my wife and my daughter.
  저는 아내와 딸과 함께 인천에서 살고 있습니다.

- 성격

  I'm generally a quiet but active person.
  저는 대체로 조용하지만 활동적인 성격입니다.

Model Answer (남자)

 **My name is** Seungmin Jeong, **and I'm** 36 years old. For the past six years,  **I have worked in** the marketing **department at** Horizon Electronics. 사는 곳 **I live in** Incheon **with** my wife and my daughter. Each morning, it takes me about an hour to an hour and a half to get to work. I would say 성격 **I'm generally** a quiet but active person who likes outdoor activities.

해석

저는 정성민이고, 36살입니다. 지난 6년 동안 호라이즌 전자의 마케팅부에서 근무했습니다. 저는 아내와 딸과 함께 인천에서 살고 있습니다. 매일 아침 회사까지 출근하려면 한 시간에서 한 시간 반 정도 걸립니다. 저는 대체로 조용한 성격이지만 활동적이라서 야외 활동을 좋아합니다.

Q2 실전문제 연습하기

Let's start the interview now. Tell me something about yourself.

인터뷰를 시작해봅시다. 자기소개를 해주세요.

● 자신의 답을 만들기 위해 아이디어를 적어 보세요.

이름	나이와 사는 곳
직업	성격

CORE EXPRESSIONS

이름
My name is ~ 나의 이름은 ~이다

직업
in the accounting division 회계 부서에서
in the IT department IT 부서에서
in the sales department 영업 부서에서

나이와 사는 곳
be a 28-year-old residing in ~ 나이는 스물 여덟이고 ~에 거주하고 있다

성격
quiet 조용한   active 활동적인   outgoing 외향적인
sensitive 예민한   easy-going 느긋한   short-tempered 성급한

Point Up!

- 이름
  My name is Jeongjin Kim.
  제 이름은 김정진입니다.

- 나이와 사는 곳
  I am a 36-year-old **residing** in Seoul with my husband and daughter.
  나이는 36살이고, 남편이랑 딸과 함께 서울에 살고 있습니다.

- 직업
  Currently, I work in the accounting division of a semiconductor company.
  저는 현재 반도체 회사 회계 부서에서 일합니다.

- 성격
  Generally, I'm a very active and outgoing person.
  저는 전반적으로 매우 활동적이고 외향적인 사람입니다.

 Model Answer

[이름] **My name is** Jeongjin Kim. [나이와 사는 곳] **I am** a 36-year-old **residing** in Seoul with my husband and daughter. [직업] **Currently, I work in** the accounting division of a semiconductor company. I have been with the company for 6 years. [성격] **Generally**, I'm a very active and outgoing person. I like to host dinner parties for my friends. For hobbies, I enjoy hiking and cycling.

해석
제 이름은 김정진입니다. 나이는 36살이고, 남편이랑 딸과 함께 서울에 살고 있습니다. 저는 현재 반도체 회사 회계 부서에서 일합니다. 이 회사에서 6년째 근무하고 있습니다. 저는 전반적으로 매우 활동적이고 외향적인 사람입니다. 친구들을 초대해 저녁 식사 파티를 하는 걸 좋아합니다. 취미로 하이킹과 사이클을 즐겨 탑니다.

Q3 실전문제 연습하기

Let's start the interview now. Tell me something about yourself.

인터뷰를 시작해봅시다. 자기소개를 해주세요.

● 자신의 답을 만들기 위해 아이디어를 적어 보세요.

이름과 나이	→	직업
사는 곳	←	성격

CORE EXPRESSIONS

이름과 나이

My name is ~, and I turned ~ this year. 내 이름은 ~이고, 나는 올해 ~살이 되었다.

직업

at an electronics company 전자회사에서   at a trading company 무역회사에서
at a food company 식품회사에서   at a car company 자동차 회사에서

사는 곳

live in ~ ~에서 살다   live north of ~ ~의 북쪽에 살다

성격

reserved 속마음을 드러내지 않는   quiet 조용한   active 활동적인   outgoing 외향적인
sensitive 예민한   easy-going 느긋한   short-tempered 성급한

Point Up!

- 이름과 나이

  My name is Mingi Yu, and **I turned** 38 this year.
  제 이름은 유민기이고, 올해 38살이 되었습니다.

- 직업

  I work as a team manager **at an electronics company**.
  저는 전자회사에서 팀장으로 근무합니다.

- 사는 곳

  Currently, my family and **I live in** Ansan.
  가족들과 저는 현재 안산에 살고 있습니다.

- 성격

  Personality-wise, I tend to be more **reserved** and **quiet**.
  제 성격은 내성적이고 조용한 편입니다.

 **Model Answer**  Ch01_A03

[이름과 나이] **My name is** Mingi Yu, and **I turned** 38 this year. [직업] I work as a team manager **at an electronics company**. It has been eight years since I joined. [사는 곳] **Currently**, my family and **I live in** Ansan. We plan to move to Bundang next year. [성격] Personality-wise, I tend to be more **reserved** and **quiet**. On weekends, I like to spend time with my family and watch old films.

[해석]
제 이름은 유민기이고, 올해 38살이 되었습니다. 저는 전자회사에서 팀장으로 근무합니다. 입사한지는 8년이 되었습니다. 가족들과 저는 현재 안산에 살고 있습니다. 내년에 분당으로 이사를 할 계획입니다. 제 성격은 내성적이고 조용한 편입니다. 주말에는 가족들과 시간을 보내고 옛날 영화를 보는 걸 좋아합니다.

Level-Up! 한국인의 말하기 취약점 분석

접속사/연결어 정확히 사용하기

OPIc IL등급을 따기 위해서는 단어, 구문 수준으로 말을 이어가는 것이 아니라 정확한 full sentence를 완성하여 말하는 것이 가장 중요하다고 할 수 있습니다. 자기소개를 할 때에는 자신에 대한 정보를 문장별로 나열하는 경향이 많은데, 이 때 적절한 접속사/연결어를 사용하면 문장을 좀 더 부드럽게 만들 수 있습니다. 일반적인 나열을 할 때엔 'and', 앞의 내용과 뒤의 내용을 반대되는 의미로 연결을 할 때엔 'but', 그 외에도 or, so와 같은 접속사/연결어를 사용하면 말의 전후 관계를 더 명확하게 표현할 수 있게 됩니다.

● **and** ~와, 그리고

Once in a while I eat a hamburger **and** French fries for lunch.
간혹 한 번씩 점심으로 햄버거와 감자튀김을 먹는다.

I parked my car in front of the house **and** ran inside.
난 집 앞에 내 차를 주차하고는 안으로 달려 들어갔다.

● **but** 그러나, 하지만

I was going to fix the broken door, **but** I didn't.
고장난 문을 고치려고 했지만 고치지 않았다.

She wanted to eat dessert, **but** I was ready to pay for our meal.
그녀는 후식을 먹길 원했지만 나는 밥값 계산할 준비가 되어 있었다.

● **or/so** 또는, 그렇지 않으면/그래서

How often do you go to the gym each week, two **or** three times?
헬스장은 일주일에 몇 번 가니, 두 번 아니면 세 번?

He didn't come down for ten minutes, **so** I went in to look for him.
그가 10분 동안 내려오지 않아서 나는 그를 찾으러 안으로 들어갔다.

Chapter 02 | 가족

가족에 대한 질문은 자신이 가장 가깝게 지내는 사람들과 관련된 것이고 가족의 특성에 대해 잘 파악하고 있기 때문에 답안 구성을 조금만 준비해도 잘 대답할 수 있습니다. 가족들에 대한 소개 외에도 함께 하는 실내외 활동, 집안에서의 각자의 역할 등에 대해서 정리를 해 두고, 가족에서 더 나아가 친척들과의 경험을 언급하는 것도 좋은 전략이 될 수 있습니다. 또한 가족간에 의견 차이가 있었거나 기억에 남는 경험이 있다면 원인이 무엇이었는지, 어떻게 해결했는지, 나에게 어떤 의미가 있는지 등에 대해 정리를 해놓으면 문제점 해결 관련 질문에 잘 대처할 수 있습니다.

 해당 주제에서 세트로 출제 되는 문제 콤보를 확인해 보세요.  Ch02_Q1~3

Question 1

Do you like to visit your relatives? Who do you usually go to see? How often do you visit him/her?
친척을 방문하는 것을 좋아합니까? 주로 누구를 만나러 가나요? 얼마나 자주 방문하나요?

Question 2

What kind of activities do you usually do with your family? What do you do on weekdays? How about on weekends?
가족들과 함께 보통 어떤 활동들을 하나요? 주중에는 무엇을 하나요? 주말은 어떤가요?

Question 3

Tell me about the most recent visit to your family member or relative. When was it? Who did you visit? What did you do during your visit?
가장 최근에 가족이나 친척을 만나러 간 경험에 대해 이야기해주세요. 언제였나요? 누구를 만나러 갔나요? 방문하는 동안 무엇을 했나요?

Q1 실전문제 연습하기

Do you like to visit your relatives? Who do you usually go to see? How often do you visit him/her?
친척을 방문하는 것을 좋아합니까? 주로 누구를 만나러 가나요? 얼마나 자주 방문하나요?

● 자신의 답을 만들기 위해 아이디어를 적어 보세요.

방문 배경	주로 방문하는 사람
방문할 때의 느낌	방문해서 하는 일

CORE EXPRESSIONS

방문 배경
- get to see 보게 되다
- get married 결혼하다
- be in the hospital 병원에 입원해있다
- graduate from ~ ~에서 졸업하다

주로 방문하는 사람
- relatives 친척
- grandparents 조부모
- aunt 이모/고모
- cousin 사촌
- uncle 삼촌/이모부/고모부
- nephew 남조카
- niece 여조카

방문할 때의 느낌
- It's always a treat to ~ ~하는 것은 항상 즐겁다
- bring back fond memories 좋은 기억이 떠오르다
- feel like home 집처럼 편안하다
- feel happy 기쁘다

방문해서 하는 일
- make sure to eat 꼭 먹으려고 하다
- have a barbecue party 바베큐 파티를 열다
- go out for a walk 산책을 나가다
- help with household chores 집안일을 돕다

Point Up!

- 방문 배경
  My hometown is Busan. So, I don't **get to see** my family very often.
  제 고향은 부산입니다. 그래서 가족들을 자주 보지 못합니다.

- 주로 방문하는 사람
  Every few months, I drive down or take the KTX **to see my parents and relatives**.
  몇 달에 한 번, 저는 차를 몰거나 KTX를 타고 부모님과 친척들을 만나러 갑니다.

- 방문할 때의 느낌
  It's always a treat to visit my hometown.
  고향에 가는 건 항상 즐겁습니다.

- 방문해서 하는 일
  When I'm in Busan, I **make sure to** eat a lot of my mother's home-cooked meals.
  부산에 있는 동안 저는 엄마의 집밥을 잔뜩 먹습니다.

 **Model Answer**  Ch02_A01

〔방문 배경〕 My hometown is Busan. So, I don't **get to see** my family very often. 〔주로 방문하는 사람〕 Every few months, I drive down or take the KTX **to see my parents and relatives**. 〔방문할 때의 느낌〕 **It's always a treat to** visit my hometown. 〔방문해서 하는 일〕 When I'm in Busan, I **make sure to** eat a lot of my mother's home-cooked meals. Also, I catch up with my cousins who still live in Busan.

〔해석〕
제 고향은 부산입니다. 그래서 가족들을 자주 보지 못합니다. 몇 달에 한 번, 저는 차를 몰거나 KTX를 타고 부모님과 친척들을 만나러 갑니다. 고향에 가는 건 항상 즐겁습니다. 부산에 있는 동안 저는 엄마의 집밥을 잔뜩 먹습니다. 그리고 부산에 살고 있는 사촌들과 못했던 이야기를 나눕니다.

Q2 실전문제 연습하기

What kind of activities do you usually do with your family? What do you do on weekdays? How about on weekends?

가족들과 함께 보통 어떤 활동들을 하나요? 주중에는 무엇을 하나요? 주말은 어떤가요?

● 자신의 답을 만들기 위해 아이디어를 적어 보세요.

| 주중 생활 패턴 | → | 주중 가족과 함께 하는 일 |
| 주말 생활 패턴 | ← | 주말 가족과 함께 하는 일 |

CORE EXPRESSIONS

주중 생활 패턴
during the week 주중에   on weekdays 주중에   in the daytime 낮에
twice a week 일주일에 두 번

주중 가족과 함께 하는 일
watch TV TV를 보다   chat 수다를 떨다   do housechores 집안일을 하다
have quality time 뜻깊은 시간을 보내다

주말 생활 패턴
on weekends 주말에   on Saturdays 토요일마다   on Sundays 일요일마다
every weekend 주말마다   every other weekend 2주마다

주말 가족과 함께 하는 일
visit theme parks 테마공원을 방문하다   go hiking 등산하러 가다
visit a community garden 주말농장에 가다   go camping 캠핑을 가다

Point Up!

- 주중 생활 패턴
  During the week, I'm usually busy.
  저는 보통 주중에 바쁩니다.

- 주중 가족과 함께 하는 일
  Every night, I read bedtime stories to my daughter.
  저는 매일 밤 잠자리에 들기 전에 딸에게 책을 읽어줍니다.

- 주말 생활 패턴
  On weekends, I have more time to spend with my family.
  주말에는 가족들과 보낼 수 있는 시간이 더 많습니다.

- 주말 가족과 함께 하는 일
  We visit theme parks or museums or even go hiking.
  우리는 테마공원이나 박물관에 가거나 하이킹도 갑니다.

 Model Answer  Ch02_A02

[주중 생활 패턴] **During the week**, I'm usually busy. When I work overtime, I'm very tired by the time I get home. But I always try to spend time with my wife and my daughter. [주중 가족과 함께 하는 일] **Every night**, I read bedtime stories to my daughter. [주말 생활 패턴] **On weekends**, I have more time to spend with my family. [주말 가족과 함께 하는 일] **We visit** theme parks or museums or even go hiking when the weather is nice.

[해석]
저는 보통 주중에 바쁩니다. 야근을 할 땐 집에 도착하면 무척 피곤합니다. 하지만 아내와 딸과 함께 시간을 보내기 위해 항상 노력합니다. 저는 매일 밤 잠자리에 들기 전에 딸에게 책을 읽어줍니다. 주말에는 가족들과 보낼 수 있는 시간이 더 많습니다. 우리는 테마공원이나 박물관에 가거나 날씨가 좋을 때는 하이킹도 갑니다.

Q3 실전문제 연습하기

Tell me about the most recent visit to your family member or relative. When was it? Who did you visit? What did you do during your visit?

가장 최근에 가족이나 친척을 만나러 간 경험에 대해 이야기해주세요. 언제였나요? 누구를 만나러 갔나요? 방문하는 동안 무엇을 했나요?

● 자신의 답을 만들기 위해 아이디어를 적어 보세요.

최근 방문한 친척	방문한 곳

방문해서 한 일

CORE EXPRESSIONS

최근 방문한 친척

Lately, I visited ~ 최근에 나는 ~를 방문했다
Last week, I drove to see ~ 지난 주에 나는 차를 몰고 ~를 보러 갔다
It's been only a few days since I saw ~ ~을 본 건 불과 며칠밖에 안됐다

방문한 곳

go to Sokcho 속초에 가다
live in the countryside 시골에 살다
be a city far from Seoul 서울에서 멀리 있는 도시이다
live on an island 섬에 살다

방문해서 한 일

help clean the house 집청소를 돕다
go to the market 시장에 가다
have a good time with ~ ~와 즐거운 시간을 보내다
chat 수다떨다
take care of one's pets 애완동물을 돌보다

Point Up!

- 최근 방문한 친척

  Last weekend, my wife and I visited my aunt.
  저는 지난 주에 아내와 함께 이모님 댁을 방문했습니다.

- 방문한 곳

  We went to Sokcho to see my aunt.
  우리는 이모님을 뵙기 위해 속초로 갔습니다.

- 방문해서 한 일

  We helped my aunt clean the house **and chatted** a lot.
  이모님을 도와서 집안을 청소하고 수다도 떨었습니다.

Model Answer

Ch02_A03

최근 방문한 친척 **Last weekend, my wife and I visited** my aunt. 친척이 사는 곳 **We went to** Sokcho to see her. As the city is far from Seoul, we don't see her very often. Last time we saw her was almost a year ago. When we arrived, my aunt welcomed us with the most delicious dinner. We spent three days in Sokcho. 방문해서 한 일 **We helped** her clean the house **and chatted** a lot. Before leaving, we promised my aunt that we would visit her more frequently.

해석

저는 지난 주에 아내와 함께 이모님 댁을 방문했습니다. 우리는 이모님을 뵙기 위해 속초로 갔습니다. 속초는 서울에서 멀기 때문에 이모님을 자주 뵙지는 못합니다. 마지막으로 이모님을 뵌 건 거의 1년 전쯤입니다. 속초에 도착하니 이모님이 맛있는 저녁 식사로 우리를 맞아주셨습니다. 우리는 속초에서 3일을 보냈습니다. 이모님을 도와서 집안을 청소하고 수다도 떨었습니다. 우리는 떠나기 전에 이모님께 더 자주 찾아 뵙겠다고 약속 드렸습니다.

Level-Up! 한국인의 말하기 취약점 분석

논리적 흐름으로 답변 구성하기

OPIc에서는 자신이 하는 여러 가지 활동에 대해서 이야기 하라는 질문이 많이 나옵니다. 그 중 가족들과 함께 보통 어떤 활동들을 하는지 묻는 질문이 나오면서 주중과 주말에 각각 어떤 일을 다르게 하는지를 구분하여 이야기 하라고 합니다. 이런 문제가 나오는 경우에는 주중, 주말이라는 시간적인 기준을 세워두고, 어떤 종류의 일을 누구와 함께 하는지 논리적인 흐름을 만들어 답변을 만드는 것이 중요합니다. 주중은 월~금까지 여러 날이므로 on weekdays라고 말하고, 토요일마다는 매주 토요일을 말하는 것이므로 어색한 것 같지만 on Saturdays라고 말한다는 것을 기억하시기 바랍니다.

• on weekdays 주중에

The customer service center is open from 10am to 5pm on weekdays.
고객 서비스센터는 주중에 오전 10시부터 오후 5시까지 연다.

On weekdays, I go for a jog early in the morning.
주중에 나는 아침 일찍 운동을 한다.

• on Saturdays 토요일마다

On Saturdays, I get up early and clean my house.
나는 토요일마다 일찍 일어나 집을 청소한다.

On Saturdays, I try to cook some food for my family.
토요일마다 나는 식구들을 위해 음식을 만들어 주려고 한다.

• spend time ~ing ~하면서 시간을 보내다

I **spend time** with my kids **going** to a movie on weekends.
나는 주말에 아이들과 함께 영화를 보며 시간을 보낸다.

I **spend lots of time doing** outdoor activities like riding a bike.
나는 자전거 타기와 같은 야외 활동을 하며 시간을 많이 보낸다.

Chapter 03 | 거주지

거주지에 관련한 질문은 본인이 살고 있는 집 뿐만이 아니라 더 나아가 집이 위치해 있는 동네의 모습, 그리고 이웃 사람과도 연관하여 말할 수 있으므로 평소에 집 주변에서 일어나는 일이나 주위 환경 등에 대해 유심히 살펴 두는 것이 좋습니다.

본인의 집에 대해 묘사할 때는 집의 위치 등 일반적인 소개부터 시작해서 아파트인지, 주택인지 집의 유형을 말한 후, 더 세부적으로 들어가서 각 방의 용도나 특징 등을 묘사하는 순서로 답변을 준비하세요. 집에서 발생하는 문제는 너무 독특한 경험을 생각해내어 해결책을 제시하는 것에 어려움을 겪는 것보다는 대부분의 사람들이 한 번쯤은 겪었을만한 것을 언급하면 해결책을 제시하기가 한결 쉬워집니다.

 해당 주제에서 세트로 출제 되는 문제 콤보를 확인해 보세요.  Ch03_Q1~3

Question 1

Tell me about your home. Where do you live? How many rooms are there? What's something special about your home?

귀하의 집에 대해 이야기해주세요. 사는 곳은 어디인가요? 방은 몇 개인가요? 집은 어떤 점이 특별한가요?

Question 2

What is the favorite room in your house? What does it look like? Why do you like the room? Describe the room in detail.

집에서 가장 좋아하는 방은 무엇인가요? 그 방은 어떻게 생겼나요? 그 방을 왜 좋아하나요? 자세히 설명해주세요.

Question 3

Have you had any problems at home recently? What was it? Was something broken or damaged? What caused the problem? How did you deal with it?

최근에 집에 문제가 생긴 적이 있나요? 어떤 문제였나요? 뭔가 부서지거나 망가졌나요? 문제의 원인은 무엇이었나요? 어떻게 해결했나요?

Q1 실전문제 연습하기

Tell me about your home. Where do you live? How many rooms are there? What's something special about your home?

귀하의 집에 대해 이야기해주세요. 사는 곳은 어디인가요? 방은 몇 개인가요? 집은 어떤 점이 특별한가요?

● 자신의 답을 만들기 위해 아이디어를 적어 보세요.

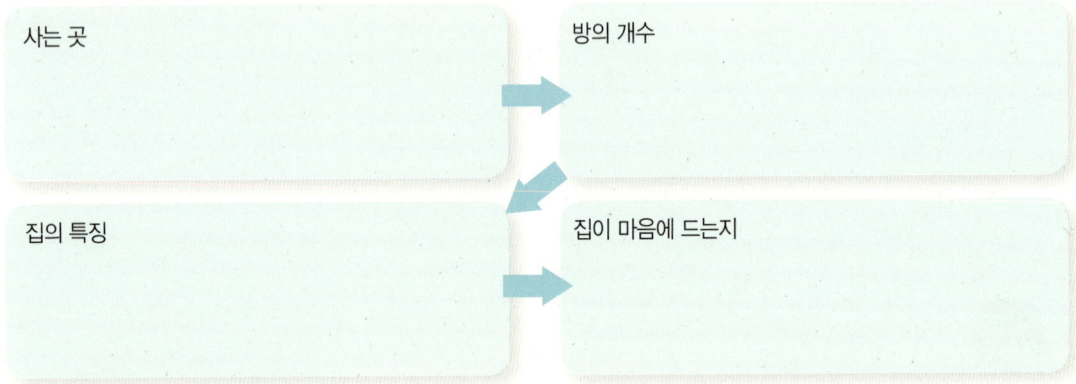

사는 곳 / 방의 개수 / 집의 특징 / 집이 마음에 드는지

CORE EXPRESSIONS

사는 곳
- in an apartment 아파트에서
- in a house 주택에서
- in an apartment complex 아파트 단지에서
- in a studio 원룸에서

방의 개수
- only one room 방이 딱 하나
- two bedrooms 침실 2개
- two bathrooms 화장실 2개

집의 특징
- extended balcony 확장 발코니
- twenty-story building 20층짜리 건물
- flower bed 화단
- on the top floor 꼭대기층에 있는
- be facing south 남향이다

집이 마음에 드는지
- get a lot of sunlight 햇빛이 잘 들다
- close to the subway station 전철역에 가까운
- spacious 공간이 넓은
- have a nice view 전망이 좋다

Point Up!

- 사는 곳

  I live **on the 16th floor of my apartment building**.
  저는 아파트 16층에 삽니다.

- 방의 개수

  There are three rooms.
  방은 3개입니다.

- 집의 특징

  The third room **is used as a closet**.
  세 번째 방은 옷방처럼 씁니다.

- 집이 마음에 드는지

  I like **its cozy atmosphere**.
  저는 이 집의 안락한 분위기가 좋습니다.

Model Answer

〔사는 곳〕 I live **on the 16th floor of my apartment building**. 〔방의 개수〕 **There are three rooms**. One is for my wife and me, and one is for my son. 〔집의 특징〕 The third room **is used as a closet**. 〔집이 마음에 드는지〕 My apartment is not big, but I like **its cozy atmosphere**. Besides, its location in central Seoul is very convenient. My work and my son's school are both close by. My family and I are satisfied and have no plans to move in the near future.

〔해석〕
저는 아파트 16층에 삽니다. 방은 3개입니다. 하나는 저와 아내의 방이고, 하나는 아들의 방입니다. 세 번째 방은 옷방처럼 씁니다. 아파트는 크지 않지만, 저는 이 집의 안락한 분위기가 좋습니다. 게다가 위치가 서울 중심부라 매우 편리합니다. 제 회사와 아들의 학교 모두 가깝습니다. 가족들과 저는 만족하고 있으며 아직 이사할 계획은 없습니다.

Q2 실전문제 연습하기

What is the favorite room in your house? What does it look like? Why do you like the room? Describe the room in detail.

집에서 가장 좋아하는 방은 무엇인가요? 그 방은 어떻게 생겼나요? 그 방을 왜 좋아하나요? 자세히 설명해주세요.

● 자신의 답을 만들기 위해 아이디어를 적어 보세요.

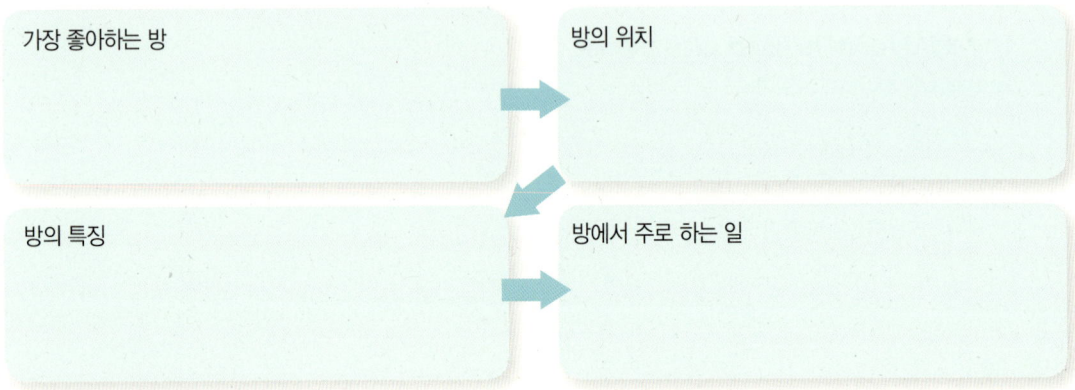

CORE EXPRESSIONS

가장 좋아하는 방
- living room 거실
- study 서재
- bathroom 화장실
- veranda 베란다
- bedroom 침실

방의 위치
- in the middle of ~의 중앙에
- adjacent to ~ ~에 인접한
- next to ~ ~의 옆에
- opposite to ~ ~의 맞은 편에

방의 특징
- bright 밝은
- spacious 널찍한
- warm 따뜻한
- tiny 조그마한
- cozy 편안한
- clean 깨끗한

방에서 주로 하는 일
- sit on the couch 소파에 앉다
- have quality time 뜻 깊은 시간을 보내다
- chat 수다를 떨다
- watch TV together 함께 TV를 보다

Point Up!

- 가장 좋아하는 방

  The living room **is my favorite place in my apartment**.
  저희 아파트에서 제가 가장 좋아하는 곳은 거실입니다.

- 방의 위치

  It is located in the middle of the house.
  거실은 집의 중앙에 위치해있습니다.

- 방의 특징

  It's a good size and **has a very warm, open** atmosphere.
  넓은 크기에 따듯하고 탁 트인 분위기입니다.

- 방에서 주로 하는 일

  We like to sit on the couch and chat or watch TV together.
  우리는 소파에 앉아서 함께 이야기하거나 TV 보는 것을 좋아합니다.

Model Answer   Ch03_A02

[가장 좋아하는 방] The living room **is my favorite place in my apartment**. [방의 위치] **It is located in** the middle of the house. [방의 특징] **It's a good size** and **has a very warm, open** atmosphere. When we first moved here, my wife made sure to buy a big, comfortable couch. [방에서 주로 하는 일] **We like to** sit there and chat or watch TV together. Next to our couch, we have wide sliding doors leading to the verandah.

해석

저희 아파트에서 제가 가장 좋아하는 곳은 거실입니다. 거실은 집의 중앙에 위치해있습니다. 넓은 크기에 따듯하고 탁 트인 분위기입니다. 처음 이곳으로 이사 왔을 때, 아내는 크고 편안한 소파를 사는 것을 빼놓지 않았습니다. 우리는 여기에 앉아서 함께 이야기하거나 TV 보는 것을 좋아합니다. 소파 옆에는 베란다로 이어지는 넓은 미닫이 문이 있습니다.

Q3 실전문제 연습하기

Have you had any problems at home recently? What was it? Was something broken or damaged? What caused the problem? How did you deal with it?

최근에 집에 문제가 생긴 적이 있나요? 어떤 문제였나요? 뭔가 부서지거나 망가졌나요? 문제의 원인은 무엇이었나요? 어떻게 해결했나요?

● 자신의 답을 만들기 위해 아이디어를 적어 보세요.

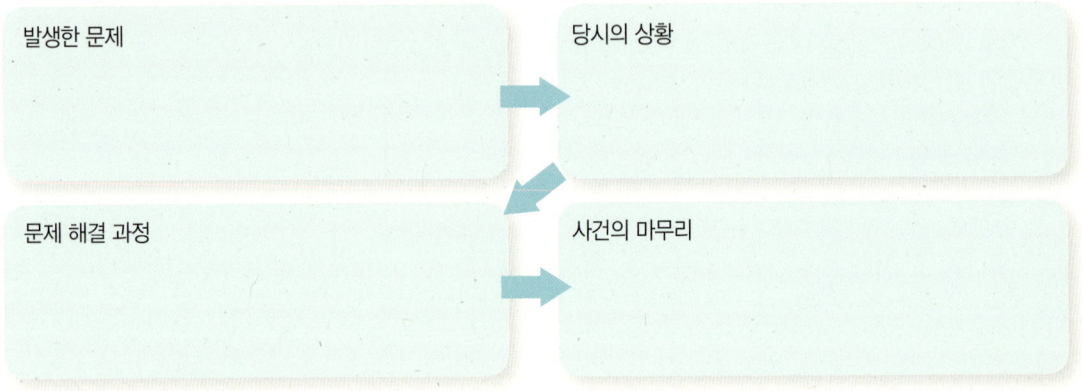

발생한 문제	당시의 상황
문제 해결 과정	사건의 마무리

CORE EXPRESSIONS

발생한 문제
- have a water leak 물이 새다
- (not) get a TV signal TV 신호를 받다(못 받다)
- keypad's batteries are dead 키패드 자물쇠 건전지가 다 닳다

당시의 상황
- hear water running 물 흐르는 소리가 들리다
- see only a black screen 검정색 화면만 보이다
- lock oneself out 문이 잠겨서 집에 못 들어가다

문제 해결 과정
- close the water valve 물 밸브를 잠그다
- call the cable company 케이블 회사에 전화하다
- call a locksmith 자물쇠 수리공을 부르다

사건의 마무리
- sit on the couch 소파에 앉다
- chat together 함께 이야기하다
- have quality time 뜻 깊은 시간을 보내다

Point Up!

- **발생한 문제**

    A few months ago, **my refrigerator made weird sounds**.
    몇 달 전에 냉장고에서 이상한 소리가 났습니다.

- **당시의 상황**

    Then one morning, **the noise became very loud**.
    어느 날 아침, 그 소리는 굉장히 커졌습니다.

- **문제 해결 과정**

    I became nervous and **called the customer service center**.
    저는 걱정이 되어서 고객 서비스 센터에 전화를 걸었습니다.

- **사건의 마무리**

    The next evening, he came back with the new part and **fixed the problem**.
    다음날 저녁, 그가 새 부품을 들고 다시 방문해서 문제를 해결했습니다.

 **Model Answer**    Ch03_A03

`발생한 문제` A few months ago, **my refrigerator made weird sounds**. At first, it happened infrequently and quietly. `당시의 상황` Then one morning, **the noise became very loud**. `문제 해결 과정` I became nervous and **called the customer service center**. A repairman visited that evening. He examined the refrigerator and said that a part had to be replaced. `사건의 마무리` The next evening, he came back with the new part and **fixed the problem**. Since that day, my refrigerator had not made any noise.

`해석`
몇 달 전에 냉장고에서 이상한 소리가 났습니다. 처음에는 가끔씩, 작게 소리가 났습니다. 어느 날 아침, 그 소리는 굉장히 커졌습니다. 저는 걱정이 되어서 고객 서비스 센터에 전화를 걸었습니다. 그날 저녁에 수리 기사가 방문을 했습니다. 그는 냉장고를 점검하더니 부품을 교체해야 한다고 했습니다. 다음날 저녁, 그가 새 부품을 들고 다시 방문해서 문제를 해결했습니다. 그날 이후로 냉장고에서 소리가 나지 않았습니다.

Level-Up! 한국인의 말하기 취약점 분석

논리적 흐름으로 답변 구성하기

OPIc에서는 What is the favorite room in your house? What does it look like? 처럼 좋아하는 방을 묘사해 봐라라는 질문이라든가, 여가, 취미 활동에 대한 질문에서는 영화관, 자주 가는 식당, 학교, 회사, 운동하는 곳, 여행지 등처럼 다양한 장소에 대한 질문이 자주 출제 됩니다. 이런 경우에는 위치를 나타내는 여러가지 전치사를 사용하여 장소에 대해서 설명하는 것이 좋습니다. 위치와 관련된 전치사구는 중앙, 옆, 맞은 편, 앞, 뒤 등 자주 쓰이는 것들을 5가지 정도 고른 후 머리 속으로 사물의 위치나 장소를 상상하며 연습을 해야 실전에서 바로 응용할 수 있습니다.

- **in the middle of** ~의 중앙에

    The lake is located **in the middle of** the city.
    그 호수는 도시의 중앙에 위치해 있습니다.

    There is a tea table **in the middle of** the living room.
    거실은 집의 중앙에 위치해있습니다.

- **next to** ~ ~의 옆에

    The refrigerator is right **next to** the kitchen sink.
    냉장고는 부엌 싱크대 바로 옆에 있다.

    My apartment is **next to** the river.
    내 아파트 집은 강 옆에 있다.

- **opposite to** ~ ~의 맞은 편에

    My room is **opposite to** the bathroom.
    내 방은 화장실 맞은 편에 있다.

    A painting is on the wall **opposite to** the main entrance.
    그림 한 점이 현관 반대편 벽에 걸려 있다.

Chapter 04 | 회사

회사를 주제로 한 답변에서는 회사에서의 하루 일과와 자신이 맡은 업무에 대해 주로 묘사하게 됩니다. 하루 일과이니만큼 시간 순서대로 묘사를 할 수도 있지만 자신의 업무 중 대표적인 것을 골라서 얘기해도 좋습니다. 또한 회사에서의 하루에 대해서 이야기 하라고 하는 경우 꼭 업무에 대한 얘기에만 한정하지 않아도 됩니다. 휴식 시간에 또는 점심 시간에 직장 동료와 함께 했던 것에 대해 말하는 것도 좋습니다. 자신이 하는 일에 대해 영어로 설명하는 것이 처음에는 쉽지 않을 수 있습니다. 회사에서의 자신의 역할과 업무에 대해 간단하게 목록을 작성해보면 답변을 구성하는 데 많은 도움이 될 것입니다.

 해당 주제에서 세트로 출제 되는 문제 콤보를 확인해 보세요.  Ch04_Q1~3

Question 1

I'd like to know about your company. Which company do you work for? When was it established? What products or services does it offer?

귀하의 회사에 대해 알고 싶습니다. 어떤 회사에서 일하나요? 회사가 언제 설립되었나요? 어떤 상품이나 서비스를 제공하나요?

Question 2

What are your responsibilities at work? What projects do you normally work on?

회사에서 맡고 있는 일은 무엇인가요? 주로 어떤 일을 하나요?

Question 3

Tell me about your first day at work. When was it? How did you feel? What was the first impression of your company? What did you do? Describe it in as much detail as possible.

회사에 처음 갔던 날에 대해 이야기해주세요. 얼마였나요? 기분이 어땠나요? 회사에 대한 첫인상은 어땠나요? 무엇을 했나요? 가능한 자세히 묘사해주세요.

Q1 실전문제 연습하기

I'd like to know about your company. Which company do you work for? When was it established? What products or services does it offer?

귀하의 회사에 대해 알고 싶습니다. 어떤 회사에서 일하나요? 회사가 언제 설립되었나요? 어떤 상품이나 서비스를 제공하나요?

● 자신의 답을 만들기 위해 아이디어를 적어 보세요.

내가 다니는 회사	회사의 설립과 규모
주력 상품이나 서비스	회사의 분위기

CORE EXPRESSIONS

내가 다니는 회사
cosmetics company 화장품 회사
food company 식품회사
trading company 무역회사
fashin company 패션 회사

회사의 설립과 규모
established in ~ ~년에 설립되다
started in ~ ~년에 시작되다
founded in ~ ~년에 창립되다

주력 상품이나 서비스
make auto parts 자동차 부품을 만들다
distribute medicines 의약품을 유통하다
provide educational service 교육서비스를 제공하다

회사의 분위기
traditional 전통적인
demanding 요구가 많은
family-like 가족같은
highly competitive 아주 경쟁적인
fast-paced 빠르게 진행되는

Point Up!

- 내가 다니는 회사

    <u>Currently, I work for</u> Mirror Displays, an electronics company based in Songdo.

    저는 현재 송도에 본사를 둔 미러 디스플레이즈라는 전자회사에서 일합니다.

- 회사의 설립과 규모

    <u>Established in</u> 1965, Mirror Displays is a big company.

    1965년에 설립된 미러 디스플레이즈는 규모가 큰 회사입니다.

- 주력 상품이나 서비스

    <u>The company manufactures</u> display monitors for products.

    우리 회사는 디스플레이 모니터를 생산합니다.

- 회사의 분위기

    For a long time, <u>the company</u> was very <u>traditional</u>.

    우리 회사는 오랫동안 매우 전통적이었습니다.

Model Answer

[내가 다니는 회사] <u>Currently, I work for</u> Mirror Displays, an electronics company based in Songdo. [회사의 설립과 규모] <u>Established in</u> 1965, Mirror Displays is a big company. It has more than 3,000 full-time employees. [주력 상품이나 서비스] <u>The company manufactures</u> display monitors for products such as television, tablets, and laptops. [회사의 분위기] For a long time, <u>the company was</u> very <u>traditional</u>. However, the HR department has been making positive changes recently to create a better company environment.

[해석]

저는 현재 송도에 본사를 둔 미러 디스플레이즈라는 전자회사에서 일합니다. 1965년에 설립된 미러 디스플레이즈는 규모가 큰 회사입니다. 정규직 직원이 3천 명 이상 됩니다. 우리 회사는 텔레비전, 태블릿, 노트북에 쓰이는 디스플레이 모니터를 생산합니다. 우리 회사는 오랫동안 매우 전통적이었습니다. 하지만 최근 인사과에서 회사 환경을 개선하기 위해 긍정적인 변화를 주고 있습니다.

Q2 실전문제 연습하기

What are your responsibilities at work? What projects do you normally work on?

회사에서 맡고 있는 일은 무엇인가요? 주로 어떤 일을 하나요?

● 자신의 답을 만들기 위해 아이디어를 적어 보세요.

맡고 있는 업무	업무의 특성
자신의 업무를 좋아하는지	좋아하거나 싫어하는 이유

CORE EXPRESSIONS

맡고 있는 업무(담당)
- accountant 회계원
- web designer 웹 디자이너
- researcher 연구원
- IT developer IT 개발자
- mechanical engineer 기계 공학자

업무의 특성
- meet clients 고객을 만나다
- handle lots of paperwork 서류작업을 많이 하다
- go on a business trip 출장을 가다
- work at a desk all day 하루내내 책상에서 일하다

자신의 업무를 좋아하는지
- Generally, I enjoy ~ 대체로 나는 ~을 좋아하다
- Overall, ~ fits one's personality 전체적으로 ~이 성격에 맞다
- work gets tedious at times 때때로 일이 지루해지다

좋아하거나 싫어하는 이유
- nice colleagues 좋은 동료들
- work overtime often 야근을 자주하다
- work with a lazy boss 게으른 상사와 일하다
- learn new skills 새로운 기술을 배우다

Point Up!

- 맡고 있는 업무

    I'm a sales manager **for my company**.
    저는 저희 회사의 영업부장입니다.

- 업무의 특성

    Most of my time is spent out of the office, meeting clients and business partners.
    근무 시간 중 대부분은 외부에서 고객들과 거래처 사람들을 만나는 데 쓰입니다.

- 자신의 업무를 좋아하는지

    Generally, I enjoy my work.
    저는 보통 일을 즐겁게 합니다.

- 좋아하거나 싫어하는 이유

    My responsibilities suit my outgoing personality.
    제가 하는 일이 활발한 제 성격과 맞습니다.

Model Answer

[맡고 있는 업무] **I'm** a sales manager **for my company**. [업무의 특성] **Most of my time is spent** out of the office, meeting clients and business partners. My work hours are flexible, and I often travel abroad for business. [자신의 업무를 좋아하는지] **Generally, I** enjoy my work because things are always changing. There are times when I become very tired from tight schedules. [좋아하거나 싫어하는 이유] But overall, I'm satisfied with my job since **my responsibilities suit** my outgoing personality.

해석

저는 저희 회사의 영업부장입니다. 근무 시간 중 대부분은 외부에서 고객들과 거래처 사람들을 만나는 데 쓰입니다. 출퇴근 시간은 자유롭고, 해외로 출장을 자주 다닙니다. 항상 일에 변화가 있기 때문에 저는 보통 일을 즐겁게 합니다. 빡빡한 일정 때문에 때문에 몹시 지칠 때도 있습니다. 하지만 일이 활발한 성격에 맞아서 전반적으로 제 일에 만족합니다.

Q3 실전문제 연습하기

Tell me about your first day at work. When was it? How did you feel? What was the first impression of your company? What did you do? Describe it in as much detail as possible.

회사에 처음 갔던 날에 대해 이야기해주세요. 언제였나요? 기분이 어땠나요? 회사에 대한 첫인상은 어땠나요? 무엇을 했나요? 가능한 자세히 묘사해주세요.

● 자신의 답을 만들기 위해 아이디어를 적어 보세요.

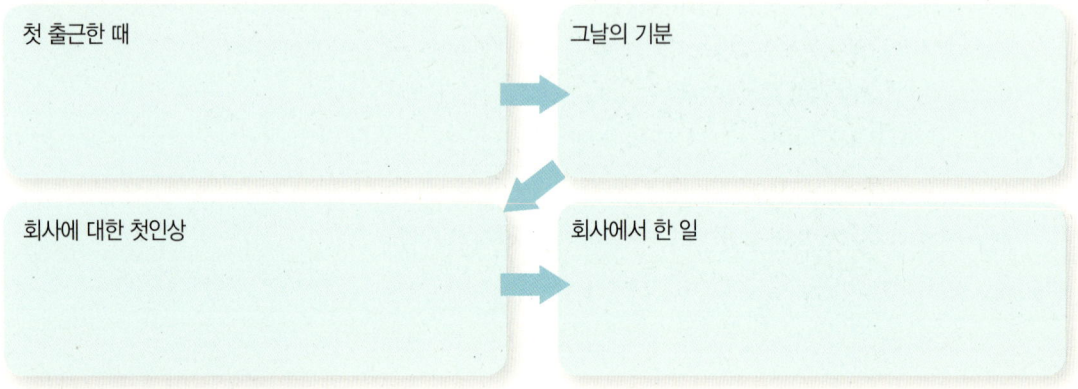

첫 출근한 때

그날의 기분

회사에 대한 첫인상

회사에서 한 일

CORE EXPRESSIONS

첫 출근한 때
about three years ago 3년 전쯤　　in spring 봄에　　two seasons ago 두 계절 전

그날의 기분
happy 행복한　　confident 자신있는　　energetic 활기찬
nervous 긴장한　　uneasy 불안한　　strange 이상한

회사에 대한 첫인상
well organized 체계가 잘 잡힌
a fast-paced work environment 일이 빠르게 돌아가는 근무 환경
look professional 전문적으로 보이다　　care about its employees 직원을 위하다

회사에서 한 일
learn how to use an intranet 인트라넷 사용법을 배우다
get to know about work rules 근무 규칙에 대해 알아가다
attend a job orientation 신입 직무교육에 참석하다

Point Up!

- **첫 출근한 때**
  The first day at my current company was **about nine years ago**.
  지금 다니는 회사에 처음 갔던 날은 9년 전쯤입니다.

- **그날의 기분**
  I recall being very **excited and nervous**.
  무척 신났고 긴장했던 기억이 납니다.

- **회사에 대한 첫인상**
  My first impression of the company was that it was **very big and well organized**.
  회사에 대한 첫인상은 규모가 매우 크다는 것과 체계가 잘 잡혔다는 것이었습니다.

- **회사에서 한 일**
  Most of the day was spent **setting up the computer** and **meeting my team members**.
  첫 날은 컴퓨터를 설정하고 팀원들을 만나는 데 시간을 대부분 썼습니다.

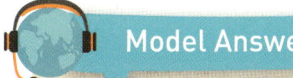 Model Answer  Ch04_A03

첫 출근한 때 The first day at my current company was **about nine years ago**. I don't remember too much of the first day. 그날의 기분 But I recall being very **excited and nervous**. 회사에 대한 첫인상 My first impression of the company was that it was **very big and well organized**. 회사에서 한 일 Most of the day was spent **setting up the computer** and **meeting my team members**. Also, I had to get used to the new company system.

해석
지금 다니는 회사에 처음 갔던 날은 9년 전쯤입니다. 첫 날에 대한 기억은 많지 않습니다. 하지만 무척 신났고 긴장했던 기억이 납니다. 회사에 대한 첫인상은 규모가 매우 크다는 것과 체계가 잘 잡혔다는 것이었습니다. 첫 날은 컴퓨터를 설정하고 팀원들을 만나는 데 시간을 대부분 썼습니다. 그리고 새로운 회사의 체계에도 익숙해져야 했습니다.

Level-Up! 한국인의 말하기 취약점 분석

어휘의 정확한 사용

IL 레벨이 되지 못하는 학습자들이 공통적으로 보이는 특징은 어휘의 부정확한 사용과 제한된 어휘의 반복 사용, 그리고 어휘량의 부족입니다. 따라서 이를 극복하기 위해서는 주제별 표현이나, 정확한 어휘 사용 및 활용 연습이 필요합니다. -ed로 끝나는 형용사는 어떤 대상에 대한 사람의 느낌을 표현하는 반면, -ing로 끝나는 형용사는 대상 자체를 묘사하므로 다양한 예문을 통해 의미 차이를 익혀 두어야 합니다. 또한 '만들다'라는 말로 여러 의미를 나타내는 대신 build, create, manufacture와 같은 단어를 사용함으로써 어휘의 풍부함은 물론 전문성도 나타낼 수 있습니다.

- **satisfied vs. satisfying** 만족한 vs. 만족시키는

    My boss wasn't **satisfied** with my answer.
    내 상사는 내 답변에 만족하지 않았다.

    My briefing today was quite **satisfying**, and I was happy.
    오늘 나의 브리핑은 꽤 만족스러워서 난 기뻤다.

- **disappointed vs. disappointing** 실망한 vs. 실망시키는

    She was **disappointed** in his lack of experience.
    그의 경험이 부족하다는 것에 그녀가 실망했다.

    The results for the last quarter were generally **disappointing**.
    지난 분기의 결과는 전반적으로 실망스러웠다.

- **make vs. manufacture** 만들다 vs. 제조하다

    My company **makes** nice mattresses.
    우리 회사는 좋은 매트리스를 만든다.

    My company **manufactures** various kinds of steel pipes.
    우리 회사는 다양한 종류의 강철 파이프를 제조한다.

Chapter 05 | 음악감상

음악감상은 취미나 관심사와 관련하여 나오는 주제 중의 하나입니다. 주로 자신이 좋아하는 노래, 음악가에 대해 말하면서 자신이 느끼는 감정 등을 표현하는 경우가 많으므로 감정을 나타내는 여러가지 형용사를 익혀두는 것이 좋고, 노래의 장르나 악기와도 연관지어 말할 수도 있으므로 다양한 장르명, 악기명 등도 이번 기회에 영어로 알아둔다면 답변에 도움이 됩니다.

취미나 관심사에서 중요한 것은 어떤 계기로 관심을 가지게 되었는지, 그리고 왜 좋아하는지에 대한 이유를 잘 설명해야 합니다. 단순히 재미있어서, 좋아서라는 것보다는 의미를 부여하여 구체적으로 설명하면 좋습니다.

 해당 주제에서 세트로 출제 되는 문제 콤보를 확인해 보세요.  Ch05_Q1~3

Question 1

You indicated in the survey that you like to listen to music. Who is your favorite musician or composer? Why do you like him/her?

귀하의 설문조사에서 음악 듣는 것을 좋아한다고 했습니다. 가장 좋아하는 음악가나 작곡가는 누구인가요? 왜 그 사람을 좋아하나요?

Question 2

How did you first become interested in music? How has your musical interest changed since then?

어떻게 처음 음악에 관심을 갖게 되었나요? 그 후로 음악에 대한 흥미가 어떻게 바뀌었나요?

Question 3

Tell me about the most memorable experience you had listening to live music. When was it? What did you listen to? Why was it so memorable?

가장 기억에 남는 라이브 음악을 들었던 경험에 대해 이야기해주세요. 언제였나요? 무엇을 들었나요? 왜 그렇게 기억에 남나요?

Q1 실전문제 연습하기

You indicated in the survey that you like to listen to music. Who is your favorite musician or composer? Why do you like him/her?
귀하는 설문조사에서 음악 듣는 것을 좋아한다고 했습니다. 가장 좋아하는 음악가나 작곡가는 누구인가요? 왜 그 사람을 좋아하나요?

● 자신의 답을 만들기 위해 아이디어를 적어 보세요.

가장 좋아하는 음악가나 작곡가	→	처음 알게 된 계기
좋아하는 이유	←	음악을 주로 언제 듣는지

CORE EXPRESSIONS

좋아하는 음악가나 작곡가

have always liked ~ ~을 항상 좋아했다
one of one's favorite singers is ~ 좋아하는 가수 중 한 사람은 ~이다
be crazy about ~ ~가 미치도록 좋다

처음 알게 된 계기

know ~ through the radio 라디오를 통해 ~을 알다
hear the song in a café 카페에서 그 노래를 듣다   see ~ on TV TV에서 ~을 보다

좋아하는 이유

cheerful 기분좋은   touching 감동적인   soothing 마음을 달래는
relaxed 마음이 편한   energetic 힘이 나는   better (기분이) 더 좋은

음악을 주로 언제 듣는지

on one's way home 집에 가는 길에   before going to bed 잠자리에 들기 전에
while working/studying/exercising 일하는/공부하는/운동하는 동안

Point Up!

- 좋아하는 음악가나 작곡가

  My favorite musician is Bruno Mars.
  제가 가장 좋아하는 음악가는 브루노 마스입니다.

- 처음 알게 된 계기

  I started listening to his songs after a close friend had recommended him.
  친한 친구가 추천을 해준 뒤로 그의 노래를 듣기 시작했습니다.

- 좋아하는 이유

  When I listen to his music, I feel many different emotions.
  그의 음악을 들으면 여러 가지 다른 감정을 느낍니다.

- 음악을 주로 언제 듣는지

  I often listen to this music on my way to work in the morning.
  아침에 출근할 때 이 음악을 듣습니다.

Model Answer

[좋아하는 음악가나 작곡가] **My favorite musician is** Bruno Mars. [처음 알게 된 계기] **I started listening to his songs after** a close friend had recommended him. I think Bruno Mars is an amazing singer and songwriter! [좋아하는 이유] **When I listen to his music, I feel** many different emotions. Some of his slow love songs are sad. But his upbeat music makes me feel happy and energetic. [음악을 주로 언제 듣는지] So **I often listen to this music** on my way to work in the morning.

[해석]
제가 가장 좋아하는 음악가는 브루노 마스입니다. 친한 친구가 추천을 해준 뒤로 그의 노래를 듣기 시작했습니다. 브루노 마스는 정말 멋진 가수이자 작곡가인 것 같습니다! 그의 음악을 들으면 여러 가지 다른 감정을 느낍니다. 느린 템포의 사랑 노래 중에는 슬픈 것도 있습니다. 하지만 그의 밝은 음악을 들으면 행복하고 힘이 생깁니다. 그래서 저는 아침에 출근할 때 이 음악을 듣습니다.

Q2 실전문제 연습하기

How did you first become interested in music? How has your musical interest changed since then?

어떻게 처음 음악에 관심을 갖게 되었나요? 그 후로 음악에 대한 흥미가 어떻게 바뀌었나요?

● 자신의 답을 만들기 위해 아이디어를 적어 보세요.

처음 음악에 관심을 가진 때	→	관심을 갖게 된 계기
취향의 변화	←	현재 좋아하는 음악

CORE EXPRESSIONS

처음 음악에 관심을 가진 때
when I was a kid 내가 어렸을 때
when I was thirteen 내가 13살이었을 때
when I was in high school 내가 고등학교에 다녔을 때
when I went to college 내가 대학교에 들어갔을 때

관심을 갖게 된 계기
go to a concert with a friend 친구와 함께 콘서트를 보러가다
take ~ to a musical ~를 뮤지컬 공연에 데려가다
watch an audition show on TV TV에서 오디션 프로그램을 보다

취향의 변화
start to like soft music 부드러운 음악을 좋아하기 시작하다
become more interested in R&B R&B에 더 관심을 가지게 되다

현재 좋아하는 음악
used to like ~, but now I like ~ ~을 좋아했지만 나는 지금은 ~을 좋아하다
be into jazz 재즈에 빠져 있다
keep listening to ~ 계속 ~을 듣다

Point Up!

- 처음 음악에 관심을 가진 때
  I first became interested in music when I was a middle school student.
  저는 중학생 때 처음 음악에 관심을 갖게 되었습니다.

- 관심을 갖게 된 계기
  My friends and I started listening to pop music.
  친구들이랑 저는 팝송을 듣기 시작했습니다.

- 취향의 변화
  Later on, I became more interested in classical and jazz music.
  이후에는 클래식과 재즈에 더 관심을 갖게 되었습니다.

- 현재 좋아하는 음악
  These days, my favorite musician is Frank Sinatra.
  요즘 제가 가장 좋아하는 음악가는 프랭크 시나트라입니다.

 ### Model Answer  Ch05_A02

[처음 음악에 관심을 가진 때] **I first became interested in** music when I was a middle school student. [관심을 갖게 된 계기] **My friends and I started listening to** pop music. During break time at school, we would take turns listening to Billy Jean tapes. [취향의 변화] **Later on, I became more interested in** classical and jazz music. They made me feel comfortable and calm. [현재 좋아하는 음악] **These days, my favorite musician is** Frank Sinatra. Every morning on my way to work, I listen to his music.

[해석]
저는 중학생 때 처음 음악에 관심을 갖게 되었습니다. 친구들이랑 저는 팝송을 듣기 시작했습니다. 우리는 쉬는 시간에 돌아가면서 빌리진의 테이프를 듣곤 했습니다. 이후에는 클래식과 재즈에 더 관심을 갖게 되었습니다. 이런 음악들을 들으면 마음이 편안하고 차분해집니다. 요즘 제가 가장 좋아하는 음악가는 프랭크 시나트라입니다. 저는 매일 아침 출근길에 그의 음악을 듣습니다.

Q3 실전문제 연습하기

Tell me about the most memorable experience you had listening to live music. When was it? What did you listen to? Why was it so memorable?

가장 기억에 남는 라이브 음악을 들었던 경험에 대해 이야기해주세요. 언제였나요? 무엇을 들었나요? 왜 그렇게 기억에 남나요?

● 자신의 답을 만들기 위해 아이디어를 적어 보세요.

기억에 남는 라이브 음악	음악을 듣게 된 이유
당시의 상황	당시의 느낌

CORE EXPRESSIONS

기억에 남는 라이브 음악
music festival 음악 축제   benefit concert 자선 콘서트   world tour 세계 순회 공연
midsummer night's concert 한여름밤의 콘서트   underground concert 언더그라운드 콘서트

음악을 듣게 된 이유
take part in the festival 축제에 참가하다   work as a volunteer 자원봉사자로 일하다
get free tickets to the concert 무료 콘서트 표가 생기다

당시의 상황
be jam-packed with people 사람들로 꽉 차다   sing along 노래를 따라 부르다
be filled with fever 열기로 가득차다   enjoy the music 음악을 즐기다   go crazy 열광하다

당시의 느낌
excite 흥을 돋우다   brighten one's day ~의 하루를 밝게 해주다
relax 편안하게 해주다   cheer up 기분을 좋게 하다

Point Up!

- 기억에 남는 라이브 음악
  One of the best concerts I've been to was the Seoul Jazz Festival 2015.
  제가 갔던 최고의 콘서트 중 하나는 2015 서울 재즈 페스티벌이었습니다.

- 음악을 듣게 된 이유
  My friend loves jazz and had **asked me to go** with him.
  제 친구가 재즈를 좋아하는데 저한테 같이 가자고 했습니다.

- 당시의 상황
  It was held in a huge stadium, and there were many people.
  페스티벌은 큰 경기장에서 열렸고 사람들도 많았습니다.

- 당시의 느낌
  While I did not know any of the jazz musicians, **I loved** the festival.
  저는 재즈 음악가들에 대해 잘 몰랐지만, 페스티벌은 정말 좋았습니다.

Model Answer   Ch05_A03

[기억에 남는 라이브 음악] **One of the best concerts I've been to** was the Seoul Jazz Festival 2015. [음악을 듣게 된 이유] My friend loves jazz and had **asked me to go** with him. It was my first time attending a jazz festival. [당시의 상황] **It was held in a huge stadium**, and there were many people. [당시의 느낌] While I did not know any of the jazz musicians, **I loved** the festival. By the end of the day, I learned to really appreciate jazz music.

[해석]
제가 갔던 최고의 콘서트 중 하나는 2015 서울 재즈 페스티벌이었습니다. 제 친구가 재즈를 좋아하는데 저한테 같이 가자고 했습니다. 재즈 페스티벌에 간 건 그때가 처음이었습니다. 페스티벌은 큰 경기장에서 열렸고 사람들도 많았습니다. 저는 재즈 음악가들에 대해 잘 몰랐지만 페스티벌은 정말 좋았습니다. 그날이 끝나갈 때쯤, 저는 진정으로 재즈를 감상하는 법을 알게 되었습니다.

Level-Up! 한국인의 말하기 취약점 분석

사건의 전후에 따른 정확한 시제 사용하기

여가나 취미 활동에 대해서 질문하는 경우, 자신이 좋아하는 취미 활동에 대해서 왜 좋아하는지 설명하라는 질문이 나오게 됩니다. 그럴 경우 자신이 언제부터 좋아했는지 이야기하기도 하는데 이때 정확한 시제의 사용이 등급 획득에 아주 중요한 열쇠가 됩니다. 평가자가 설명을 들으면서 사전의 전후 상황을 이해할 수 있도록 사건이 발생한 지점(과거)으로부터 그 전의 일(과거완료)인지, 그 일이 지금까지 계속되는 일인지(현재완료, 현재완료 진행), 어떤 사건이 먼저 발생한 것인지를 정확한 시제를 사용하여 설명하도록 합니다.

● 현재완료, 현재완료 진행

I **have been** to many music festivals.
나는 (지금까지) 음악 축제에 많이 가 봤다.

I **have been playing** the guitar in this band for almost ten years.
나는 이 밴드에서 거의 10년간 기타를 연주해오고 있다.

● 현재완료와 과거

I **have put** on so much weight **since last year**.
작년 이후로 나는 몸무게가 많이 늘었다.

I **haven't driven** at all **since** she **got** her driver's license five years ago
5년 전에 운전면허증을 취득한 이후로 전혀 운전을 하지 않았다.

● 과거완료와 과거

When I **met** her at the theater, I **had** already **bought** the tickets.
내가 극장에서 그녀를 만났을 때 나는 이미 표를 사 둔 상태였다.

The babysitter **had bathed** the baby when the baby's mom **came** home.
아기 엄마가 집에 왔을 때는 베이비시터가 아기를 목욕시킨 뒤였다.

Chapter 06 | 박물관

Background Survey에서 '박물관 가기'를 선택했을 경우 나오는 문제 유형으로써 첫 번째 문제에서는 일반적인 사실을 묻는 문제가 먼저 나오고, 두 번째 문제에서는 행동묘사나 어떤 습관적인 행동 패턴에 대해서 묻는 질문이 자주 나옵니다. 그리고 세 번째는 어떤 구체적인 경험에 대한 이야기를 해보라는 질문이 나오게 됩니다. '박물관 가기'에 대해서 자주 가는 박물관이 어디에 있는지, 누구랑 가는지, 얼마나 자주 가는지에 대해서 먼저 묻고 나중에는 박물관 방문 전후에는 어떤 일을 하는지, 마지막으로는 기억에 남는 경험에 대한 질문이 나오게 됩니다. 이런 규칙은 다른 주제에도 적용될 수 있으니 익숙해 지는 것이 좋습니다.

 해당 주제에서 세트로 출제 되는 문제 콤보를 확인해 보세요.  Ch06_Q1~3

Question 1

Let's talk about your favorite museum. Which one is it? Where is it located? How often do you go there?

가장 좋아하는 박물관에 대해 이야기해봅시다. 어떤 박물관인가요? 위치는 어디인가요? 거기에 얼마나 자주 가나요?

Question 2

What do you usually do at the museum you often go to? Do you go there alone or with someone else? And what do you normally do before and after visiting the museum?

자주 가는 박물관에서 보통 무엇을 하나요? 그곳에 혼자 가나요, 아니면 누구와 함께 가나요? 그리고 박물관을 방문하기 전과 후에 보통 무엇을 하나요?

Question 3

Tell me about your first experience visiting a museum. Where did you go? Who did you go with? What did you see there?

박물관을 처음 방문했던 경험에 대해 이야기해주세요. 어디로 갔었나요? 누구와 함께 갔었나요? 거기서 무엇을 봤나요?

Q1 실전문제 연습하기

Let's talk about your favorite museum. Which one is it? Where is it located? How often do you go there?

가장 좋아하는 박물관에 대해 이야기해봅시다. 어떤 박물관인가요? 위치는 어디인가요? 거기에 얼마나 자주 가나요?

● 자신의 답을 만들기 위해 아이디어를 적어 보세요.

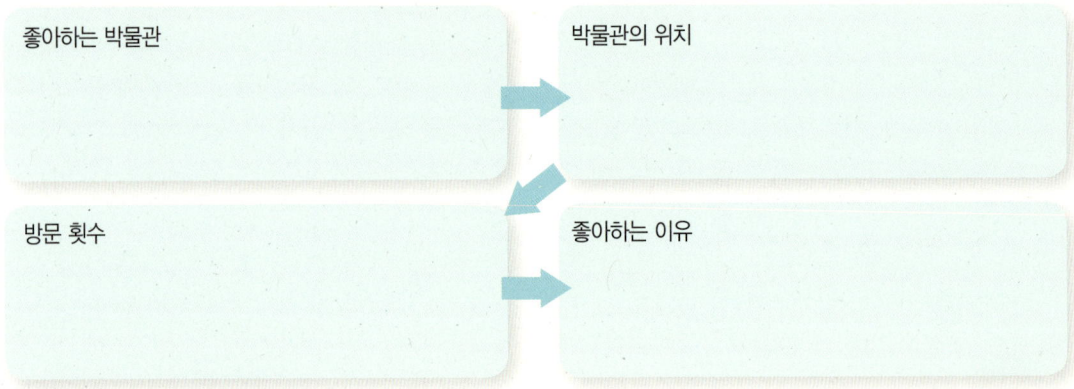

| 좋아하는 박물관 | 박물관의 위치 |
| 방문 횟수 | 좋아하는 이유 |

CORE EXPRESSIONS

좋아하는 박물관
art museum 미술관   children's museum 어린이 박물관   science museum 과학 박물관
natural history museum 자연사 박물관   military and war museum 전쟁 박물관

박물관의 위치
located near ~ ~근처에 위치한   nestled next to ~ ~옆에 자리잡은
situated in the heart of ~ ~의 중심부에 자리잡은   located in the city center 도심에 위치한

방문 횟수
almost every month 거의 매주   every season 매 시즌마다   monthly 매월
once a month 한 달에 한 번   every two months 2개월마다

좋아하는 이유
have a great collection of art 방대한 양의 예술품을 소장하다
have interactive displays 쌍방향 전시물을 갖추다
help ~ understand the history ~가 역사를 이해하는 데 도움을 주다

Point Up!

- 좋아하는 박물관

  My favorite museum is the M Museum.
  제가 가장 좋아하는 박물관은 M박물관입니다.

- 박물관의 위치

  Located in Samchungdong, its architecture is very unique and modern.
  삼청동에 위치한 이 박물관은 건축 양식이 매우 독특하고 현대적입니다.

- 방문 횟수

  Every month, I visit the museum on a weekend.
  저는 한 달에 한 번, 주말에 이 박물관에 갑니다.

- 좋아하는 이유

  Aside from the exhibitions, **the area** around the M Museum **is very interesting**.
  전시를 보는 것 말고도, M박물관 주변 지역은 매우 흥미롭습니다.

Model Answer

[좋아하는 박물관] **My favorite museum is** the M Museum. [박물관의 위치] **Located in** Samchungdong, its architecture is very unique and modern. The exhibitions at M Museum change frequently. [방문 횟수] **Every month**, I visit the museum on a weekend. [좋아하는 이유] Aside from the exhibitions, **the area** around the M Museum **is very interesting**. There are many small restaurants and cafés. **I enjoy walking around and exploring** the area for new hidden spots.

해석

제가 가장 좋아하는 박물관은 M 박물관입니다. 삼청동에 위치한 이 박물관은 건축 양식이 매우 독특하고 현대적입니다. 박물관의 전시는 자주 바뀝니다. 저는 한 달에 한 번, 주말에 이 박물관에 갑니다. 전시를 보는 것 말고도, M 박물관 주변 지역은 매우 흥미롭습니다. 그곳에는 작은 식당과 카페가 많습니다. 저는 주변 지역을 거닐면서 새로운 숨은 장소를 찾는 걸 좋아합니다.

Q2 실전문제 연습하기

What do you usually do at the museum you often go to? Do you go there alone or with someone else? And what do you normally do before and after visiting the museum?

자주 가는 박물관에서 보통 무엇을 하나요? 그곳에 혼자 가나요, 아니면 누구와 함께 가나요? 그리고 박물관을 방문하기 전과 후에 보통 무엇을 하나요?

● 자신의 답을 만들기 위해 아이디어를 적어 보세요.

자주 가는 박물관	→	함께 가는 사람
박물관에서 하는 일		박물관 방문 전에 하는 일
박물관 방문 후에 하는 일		

CORE EXPRESSIONS

자주 가는 박물관

often visit ~ 자주 ~를 방문한다 **oftentimes I visit ~** 종종 나는 ~를 방문한다
visit ~ whenever I have time 시간이 날 때마다 ~를 방문한다

함께 가는 사람

with a friend 친구와 함께 **with one's family** ~의 가족과 함께
with one's classmates ~의 학급 동료와 함께 **with one's children** ~의 아이들과 함께

박물관에서 하는 일

take a guided tour 가이드 투어를 받다 **listen to the curator's explanation** 큐레이터의 설명을 듣다
sign up for a special program 특별 프로그램에 등록하다

박물관 방문 전에 하는 일

find restaurants near the museum 박물관 주변 식당을 찾다
make plans to ~ ~할 계획을 세우다 **search for dicount tickets** 할인표를 찾아보다

박물관 방문 후에 하는 일

have dinner with ~ ~와 저녁을 먹다 **meet a friend** 친구를 만나다
go shopping 쇼핑하러 가다 **buy a souvenir** 기념품을 사다

Point Up!

- **자주 가는 박물관**
  저는 현대미술관을 자주 방문합니다.
  I often visit the Modern Art Museum.

- **함께 가는 사람**
  보통은 박물관에 혼자 가는 걸 더 좋아합니다.
  I usually prefer to **go to the museum alone**.

- **박물관에서 하는 일**
  두 세 달에 한 번씩 새로운 전시를 보러 박물관에 갑니다.
  Every couple of months, I visit the museum to **see the new exhibitions**.

- **박물관 방문 전에 하는 일**
  박물관에 가기 전에는 카페에서 커피를 한잔 마시는 걸 좋아합니다.
  Before going to the museum, I like to **grab coffee** from a local café.

- **박물관 방문 후에 하는 일**
  그 후에는 집에 가거나 친구를 만나서 저녁을 먹습니다.
  Afterward, I either **go home** or **meet up with a friend** for dinner.

 **Model Answer**  Ch06_A02

〔자주 가는 박물관〕 **I often visit** the Modern Art Museum. 〔함께 가는 사람〕 I usually prefer to **go to the museum alone**. It's a hobby of mine. 〔박물관에서 하는 일〕 Every couple of months, I visit the museum to **see the new exhibitions**. I really take my time to look at them. 〔박물관 방문 전에 하는 일〕 Before going to the museum, I like to **grab coffee** from a local café. 〔박물관 방문 후에 하는 일〕 Afterwards, I either **go home** or **meet up with a friend** for dinner.

해석
저는 현대미술관을 자주 방문합니다. 보통은 박물관에 혼자 가는 걸 더 좋아합니다. 그게 제 취미입니다. 두 세 달에 한 번씩 새로운 전시를 보러 박물관에 갑니다. 저는 아주 천천히 전시품들을 둘러봅니다. 박물관에 가기 전에는 카페에서 커피를 한잔 마시는 걸 좋아합니다. 그 후에는 집에 가거나 친구를 만나서 저녁을 먹습니다.

Q3 실전문제 연습하기

Tell me about your first experience visiting a museum. Where did you go? Who did you go with? What did you see there?

박물관을 처음 방문했던 경험에 대해 이야기해주세요. 어디로 갔었나요? 누구와 함께 갔었나요? 거기서 무엇을 봤나요?

● 자신의 답을 만들기 위해 아이디어를 적어 보세요.

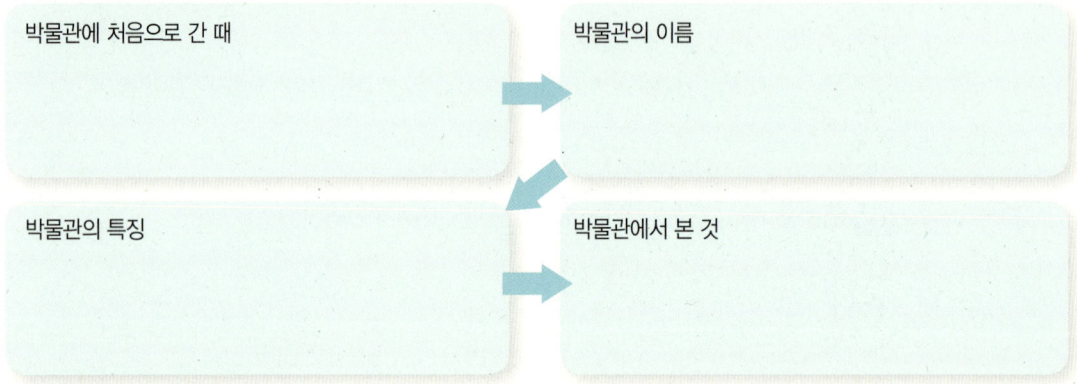

| 박물관에 처음으로 간 때 | 박물관의 이름 |
| 박물관의 특징 | 박물관에서 본 것 |

CORE EXPRESSIONS

박물관에 처음으로 간 때
when I was a child 내가 어렸을 때   when I was in middle school 내가 중학교에 다녔을 때
when I was eight years old 내가 여덟 살이었을 때

박물관의 이름
National Museum of Contemporary Art 국립현대미술관
National Palace Museum of Korea 국립고궁박물관   Kimchi Field Museum 김치박물관
Museum of Natural History 자연사박물관   Museum of Photography 사진박물관

박물관의 특징
present special exhibitions 특별 전시회를 열다
hold lots of national treasures 많은 국보를 소장하다

박물관에서 본 것
national treasure 국보   painting 그림   sculpture 조각품
dinosaur 공룡   artifact 유물

Point Up!

- 박물관에 처음으로 간 때
  저는 초등학교 때 박물관을 처음 방문했습니다.
  I visited a museum for the first time when I was in elementary school

- 박물관의 이름
  우리는 공룡 전시회를 보기 위해 서울 박물관에 갔습니다.
  We went to the Seoul Museum **to see** a dinosaur exhibition.

- 박물관의 특징
  어린 아이가 보기에 박물관은 굉장히 큰 것 같았습니다.
  As a child, **I thought the place seemed** extremely huge.

- 박물관에서 본 것
  저는 박물관에서 공룡 뼈와 실물 크기의 공룡 모형을 봤습니다.
  I saw dinosaur skeletons and their life-size models **at the museum**.

Model Answer

 Ch06_A03

〔박물관에 처음으로 간 때〕 **I visited my first museum in** elementary school. 〔박물관의 이름〕 The entire fourth grade class **went to** the Seoul Museum **to see** a dinosaur exhibition. We took the school bus, and it was only a short ride from our school. I was very impressed with the museum. 〔박물관의 특징〕 As a child, **the place seemed** extremely huge. 〔박물관에서 본 것〕 I saw dinosaur skeletons and their life-size models **at the museum**. They were fantastic!

해석
저는 초등학교 때 박물관을 처음 방문했습니다. 4학년 전체가 공룡 전시회를 보기 위해 서울 박물관에 갔습니다. 우리는 학교 버스를 버스를 타고 갔는데, 학교에서 멀지 않은 곳에 박물관이 있었습니다. 박물관은 무척 인상적이었습니다. 어린 아이가 보기에 박물관은 굉장히 큰 것 같았습니다. 저는 박물관에서 공룡 뼈와 실물 크기의 공룡 모형을 봤습니다. 정말 멋있었습니다!

Level-Up!

한국인의 말하기 취약점 분석

과거시제 정확하게 사용하기(불규칙 동사)

OPIc 시험에서 가장 자주 나오는 질문 중의 하나는 'Tell me about your~'입니다. 이때 현재의 일이나 과거의 일에 대해서 묻는 경우가 많은데, 이때 정확한 시제의 사용이 OPIc 레벨 취득에 가장 중요한 역할을 합니다. 자신이 시제에 대해 알고 있다는 것과 그 시제를 잘 표현한다는 것은 초급자에게는 별개의 이야기여서 자주 실수를 하게 됩니다. 특히 과거의 사건을 묘사하라고 할 때 흔하게 실수를 많이 하는 부분이 과거 시제를 일관적으로 사용하는 것입니다. 더군다나 동사가 불규칙 동사일 경우에는 많은 연습이 필요한 부분입니다. 하지만 불규칙이라도 변하는 형태에 따라 어느 정도 분류가 가능하니 이것을 잘 눈여겨 보기 바랍니다.

- **swim-swam, sing-sang, drink-drank**

  I **swam** almost every day in the lake as a child, but I don't **swim** at all now.
  어렸을 때는 거의 매일 수영을 했지만 지금은 전혀 하지 않는다.

  I try to **drink** two liters of water a day, and so far I **drank** one liter today.
  하루에 2리터 물을 마시려고 하는데 오늘은 지금까지 1리터를 마셨다.

- **teach-taught, buy-bought, think-thought**

  What we **teach** in this class is not what we **taught** 20 years ago.
  우리가 이 수업에서 가르치는 것은 우리가 20년 전에 가르쳤던 것과는 다르다.

  The sign said, '**buy** one get one free', so I **bought** five.
  '하나 사면 하나는 덤'이라고 푯말에 써 있어서 5개를 샀다.

- **read-read**(발음유의)**, come-came, put-put**
  　　[i]　　[e]

  You may **read** this book since I already **read** it.
  난 벌써 읽었으니까 이 책 읽어도 돼.

  The birds never **come** back because if they **came** back, they'd never get out.
  만약 새들이 돌아온다면 절대 빠져나갈 수 없기 때문에 그 새들은 결코 돌아오지 않아

Chapter 07 | 인터넷

인터넷 관련 질문은 Background Survey 항목에 나오지는 않지만 일상생활과 밀접한 관련이 있기 때문에 언제라도 돌발 주제로 나올 수 있습니다. 모바일 기기나 컴퓨터에서 반드시 필요한 것이 인터넷 접속이고 이를 통해 웹사이트 접속, SNS 활동, 온라인 쇼핑, 온라인 뱅킹 등을 하게 되므로 각종 기기를 어떻게 사용하고 활용하는지, 기기를 통해 어떤 활동을 하는지 알고 있어야 합니다. 자신이 자주 사용하는 인터넷의 기능과 그로 인한 장단점을 정리 해 둔다면 관련 문제에서 쉽게 대답할 수 있습니다.

 해당 주제에서 세트로 출제 되는 문제 콤보를 확인해 보세요.  Ch07_Q1~3

Question 1

Tell me about an online website you often visit. What kind of website is it? Why do you visit that website most frequently? What do you do on the website?
자주 방문하는 인터넷 사이트에 대해 이야기해주세요. 어떤 사이트인가요? 왜 그 사이트를 가장 많이 방문하나요? 그 사이트에서 무엇을 하나요?

Question 2

What device do you usually use to access the Internet? Why do you use it? Please tell me how to access the Internet with the device.
인터넷에 접속할 때 보통 어떤 기기를 사용하나요? 왜 그것을 사용하나요? 그 기기로 인터넷에 어떻게 접속하는지 이야기해주세요.

Question 3

I'd like to know about the time when you first used the Internet. When was it? Why did you first become interested in it? What was your first impression of the Internet?
처음으로 인터넷을 사용했던 때에 대해 알고 싶습니다. 언제였나요? 왜 인터넷에 처음 관심을 갖게 되었나요? 인터넷에 대한 첫인상은 어땠나요?

Q1 실전문제 연습하기

Tell me about an online website you often visit. What kind of website is it? Why do you visit that website most frequently? What do you do on the website?

자주 방문하는 인터넷 사이트에 대해 이야기해주세요. 어떤 사이트인가요? 왜 그 사이트를 가장 많이 방문하나요? 그 사이트에서 무엇을 하나요?

● 자신의 답을 만들기 위해 아이디어를 적어 보세요.

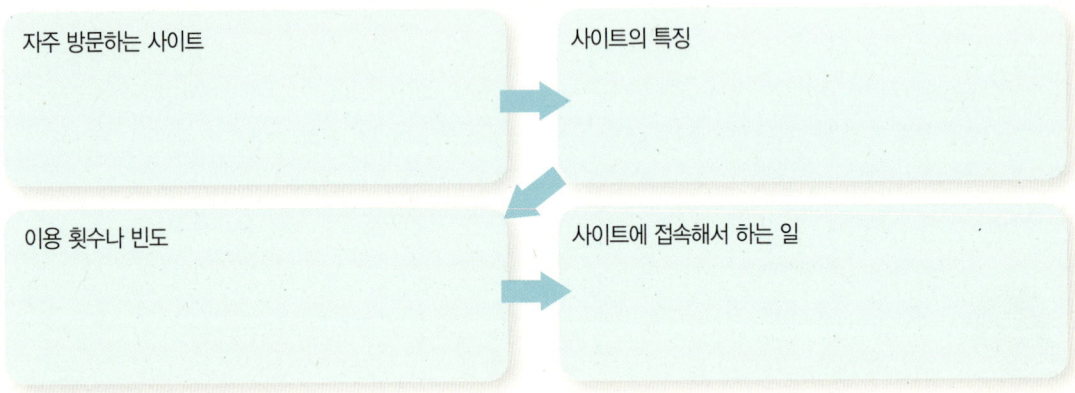

CORE EXPRESSIONS

자주 방문하는 사이트
- always visit ~ ~을 항상 방문하다
- often visit ~ ~을 종종 방문하다
- visit ~ every time ~ ~할 때마다 ~을 방문하다
- seldom visit ~ ~을 거의 방문하지 않는다

사이트의 특징
- the most visited website in the world 가장 많이 방문하는 사이트
- the most powerful search engine 가장 강력한 검색 엔진
- the biggest social networking site 가장 큰 규모의 소셜 네트워크 사이트

이용 횟수나 빈도
- every time 매번
- more than twenty times 20번 이상
- every day 매일
- at any time of the day 하루 중 아무때나
- all the time 항상

사이트에 접속해서 하는 일
- search for information 정보를 검색하다
- write a blog 블로그를 작성하다
- check one's e-mail ~의 이메일을 확인하다
- write a post 글을 작성하다

Point Up!

- 자주 방문하는 사이트

  I frequently visit the CNN website.
  저는 CNN 사이트를 자주 방문합니다.

- 사이트의 특징

  CNN is one of the biggest news providers in the world.
  CNN은 세계 최대의 뉴스 공급사 중 하나입니다.

- 이용 횟수나 빈도

  I use this website almost every day.
  저는 거의 매일 이 사이트를 이용합니다.

- 사이트에 접속해서 하는 일

  I browse the news to see what's going on around the world.
  전 세계에 어떤 일들이 일어나고 있는지 보기 위해 뉴스를 훑어봅니다.

Model Answer

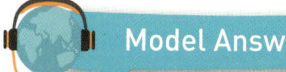 **I frequently visit** the CNN website.  **CNN is one of the** biggest news providers in the world. 이용 횟수나 빈도 **I use this website** almost every day. Every morning on my way to work, I open up the CNN application on my cell phone. 사이트에 접속해서 하는 일 Then, **I browse the news to** see what's going on around the world. Especially, I like the "Entertainment" and "Travel" sections to read about new gossip or great travel destinations.

해석

저는 CNN 사이트를 자주 방문합니다. CNN은 세계 최대의 뉴스 공급사 중 하나입니다. 저는 거의 매일 이 사이트를 이용합니다. 매일 아침 출근 길에 휴대폰의 CNN 앱을 엽니다. 그리고 나서 전 세계에 어떤 일들이 일어나고 있는지 보기 위해 뉴스를 훑어봅니다. 특히 저는 새로운 얘깃거리나 좋은 여행지에 대해 읽을 수 있는 '연예란'과 '여행란'을 좋아합니다.

Q2 실전문제 연습하기

What device do you usually use to access the Internet? Why do you use it? Please tell me how to access the Internet with the device.

인터넷에 접속할 때 보통 어떤 기기를 사용하나요? 왜 그것을 사용하나요? 그 기기로 인터넷에 어떻게 접속하는지 이야기해주세요.

● 자신의 답을 만들기 위해 아이디어를 적어 보세요.

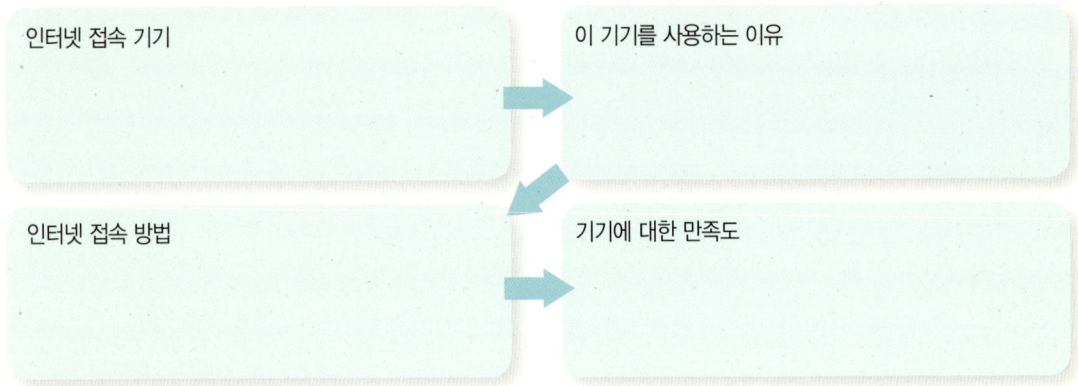

| 인터넷 접속 기기 | 이 기기를 사용하는 이유 |
| 인터넷 접속 방법 | 기기에 대한 만족도 |

CORE EXPRESSIONS

인터넷 접속 기기
- cell phone 휴대폰
- laptop 노트북
- mobile phone 휴대폰
- computer 컴퓨터
- tablet 태블릿

이 기기를 사용하는 이유
- browse the Internet 인터넷을 돌아보다
- search the Internet 인터넷을 검색하다
- use social networking sites 소셜 네트워크 사이트를 사용하다
- send an email 이메일을 보내다
- use online banking 온라인 뱅킹을 사용하다

인터넷 접속 방법
- connect to a Wi-Fi network/an LTE network/a cellular network
  와이파이망/LTE망/휴대전화망에 접속하다

기기에 대한 만족도
- be satisfied with ~ ~에 만족하다
- be fully content with ~ ~에 완전히 만족하다
- be dissatisfied with ~ ~에 불만족하다
- be disappointed at ~ ~에 실망하다

Point Up!

- **인터넷 접속 기기**
  Every morning, I start the day by reading the news online on my **cell phone**.
  저는 매일 아침 휴대폰으로 인터넷 뉴스를 읽으면서 하루를 시작합니다.

- **이 기기를 사용하는 이유**
  However, for **personal purposes**, I use my cellphone to **access the Internet**.
  하지만 개인적인 용도로 인터넷에 접속할 때는 휴대폰을 사용합니다.

- **인터넷 접속 방법**
  Once **connected to** a Wi-Fi network or LTE, I just **open up the web browser**.
  와이파이나 LTE에 연결되면 바로 웹 브라우저를 엽니다.

- **기기에 대한 만족도**
  Generally, I have no issues and **am satisfied with** the speed and quality of the Internet.
  전반적으로 별 문제도 없고 인터넷의 속도와 품질에 만족합니다.

Model Answer

 **Every morning, I start the day** by reading the news online on my **cell phone**. Throughout the day, I use my work computer to use the Internet.  However, **for personal purposes**, I use my cellphone to **access the Internet**. It's quite simple to use. 인터넷 접속 방법 Once **connected to** a Wi-Fi network or LTE, I just **open up the web browser**. 기기에 대한 만족도 **Generally**, I have no issues and **am satisfied with** the speed and quality of the Internet.

해석

저는 매일 아침 휴대폰으로 인터넷 뉴스를 읽으면서 하루를 시작합니다. 회사에서는 하루 종일 컴퓨터를 이용해 인터넷에 접속합니다. 하지만 개인적인 용도로 인터넷에 접속할 때는 휴대폰을 사용합니다. 사용법은 매우 간단합니다. 와이파이나 LTE에 연결되면 바로 웹 브라우저를 엽니다. 전반적으로 별 문제도 없고 인터넷의 속도와 품질에 만족합니다.

Q3 실전문제 연습하기

I'd like to know about the time when you first used the Internet. When was it? Why did you first become interested in it? What was your first impression of the Internet?

처음으로 인터넷을 사용했던 때에 대해 알고 싶습니다. 언제였나요? 왜 인터넷에 처음 관심을 갖게 되었나요? 인터넷에 대한 첫인상은 어땠나요?

● 자신의 답을 만들기 위해 아이디어를 적어 보세요.

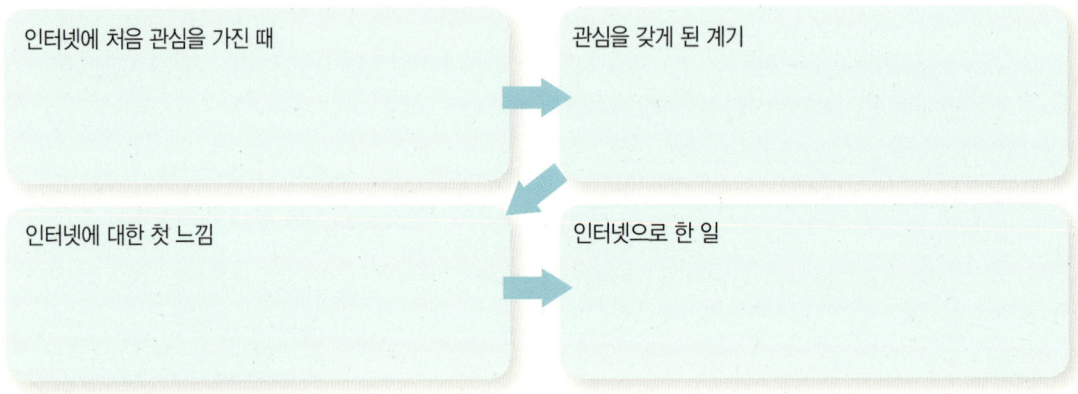

CORE EXPRESSIONS

인터넷에 처음 관심을 가진 때

when I was a kid 내가 꼬마 아이였을 때   when I was in middle school 내가 중학교에 다녔을 때
when I first had a cell phone 내가 처음 휴대폰을 가졌을 때

관심을 갖게 된 계기

play an online game on ~에서 온라인 게임을 하다   shop online 온라인 쇼핑을 하다
share information online 온라인으로 정보를 공유하다
know about Internet banking 인터넷 뱅킹에 대해 알다

인터넷에 대한 첫 느낌

complicated 복잡한   intuitive 직관적인   efficient 효율적인
interesting 흥미로운   convenient 편리한   extremely fast 엄청나게 빠른

인터넷으로 한 일

play a game 게임을 하다   buy daily products 일용품을 구입하다
send money 돈을 보내다   chat with a friend 친구와 채팅하다
make an email account 이메일 계정을 만들다

Point Up!

- 인터넷에 처음 관심을 가진 때
  I first became interested in the Internet **when I was in** high school.
  저는 고등학교 때 처음 인터넷에 관심을 갖게 되었습니다.

- 관심을 갖게 된 계기
  My parents had decided to **buy a computer for our house**.
  부모님께서 집에서 쓸 컴퓨터를 사기로 결정하셨습니다.

- 인터넷에 대한 첫 느낌
  At first, I thought using a computer would be too **complicated**.
  저는 처음에 컴퓨터 사용법이 매우 복잡할 거라고 생각했습니다.

- 인터넷으로 한 일
  I **spent hours chatting** with my friends and **playing games** on the computer after school.
  저는 학교가 끝나면 컴퓨터로 친구들과 채팅을 하고 게임을 하면서 시간을 보냈습니다.

Model Answer

인터넷에 처음 관심을 가진 때 **I first became interested in** the Internet **when I was in** high school. 관심을 갖게 된 계기 My parents had decided to **buy a computer for our house**. 인터넷에 대한 첫 느낌 **At first**, I thought using a computer would be too **complicated**. But after getting used it, I realized it was very easy to use. Around that time, online chatting became very popular. 인터넷으로 한 일 I **spent hours chatting** with my friends and **playing games** on the computer after school.

해석
저는 고등학교 때 처음 인터넷에 관심을 갖게 되었습니다. 부모님께서 집에서 쓸 컴퓨터를 사기로 결정하셨습니다. 저는 처음에 컴퓨터 사용법이 매우 복잡할 거라고 생각했습니다. 하지만 익숙해지고 나니 사용하기 매우 쉽다는 걸 알았습니다. 그 당시에는 온라인 채팅이 대유행이었습니다. 저는 학교가 끝나면 컴퓨터로 친구들과 채팅을 하고 게임을 하면서 시간을 보냈습니다.

Level-Up! 한국인의 말하기 취약점 분석

자세한 정보 담아 이야기 하기

OPIc Rater가 수험자의 답안을 듣고 IL레벨인지 아닌지를 정하는 가장 중요한 척도는 이 사람이 완전한 문장을 완성할 수 있는가 입니다. 따라서 IL레벨을 획득하기 위해서 단편적인 단어나 구문으로 불완전한 문장을 만들지 않고 정확한 한 문장씩을 만들어 낼 수 있는가가 중요합니다. 하지만 욕심을 좀 부려서 더욱 풍성한 정보를 담아서 이야기 한다면 그 이상의 레벨도 기대해 볼 수 있습니다. 자세한 정보를 담아 이야기 하는 방법 중에 부정사를 사용하여 목적을 나타내고, 관계사를 사용하여 부연 설명을 할 수 있습니다.

• to 부정사

Sometimes, I use my phone for a few hours **to find cheap air tickets and hotels**.
이 문제를 처리하기 위한 더 좋은 방법을 찾으려고 노력했다.

Nowadays, we don't need to go to the bank **to send money to others**.
요즘엔 다른 사람들에게 돈을 보내기 위해 은행에 갈 필요가 없다.

• 관계대명사 (which)

She is working on an important report **which I have to finish today**.
그녀는 오늘 끝내야 하는 중요한 보고서를 작성하고 있다.

I want to live in this neighborhood, **which is located in the west of Seoul**.
이 동네는 서울의 서쪽에 위치하고 있는데 난 여기서 살고 싶다.

• 관계대명사 (who)

He ran into a friend **who be used to play online game with in middle school**.
그는 중학교 때 함께 온라인 게임을 했던 친구를 길에서 우연히 만났다.

I don't like people **who don't often keep their promises**.
나는 약속을 자주 지키지 않는 사람을 싫어한다.

Chapter 08 | TV/DVD

TV/DVD는 Background survey에는 나오지 않는 항목이지만, 영화보기, 리얼리티쇼 시청하기 등관련하여 나올 수 있는 주제가 많기 때문에 따로 정리해 두면 많은 도움이 되는 주제입니다. 대부분의 사람들에게 TV는 너무나 가까운 곳에서 접할 뿐만 아니라 일상생활과 밀접하게 연관되어 있기 때문에 OPIc에서 질문을 받았을 때 말할거리가 많은 주제입니다. 학교에서나 직장에서도 TV 프로그램에 대해 자주 대화를 하는 주제이니만큼 자신이 좋아하는 프로그램에 대한 각종 정보에 대해서도 알아두고, 그러한 것들을 표현할 때 사용하는 단어와 표현을 영어로는 어떻게 말하는지 익혀두기 바랍니다.

 해당 주제에서 세트로 출제 되는 문제 콤보를 확인해 보세요.

Question 1

When and where do you usually watch TV? On average, how much time do you spend watching TV? What programs do you like to watch?
주로 언제 어디서 TV를 보나요? TV를 보는 데 평균 몇 시간을 쓰나요? 어떤 프로그램을 즐겨보나요?

Question 2

Tell me about a TV show you have watched recently. What kind of program was it?
최근에 본 TV 쇼에 대해 이야기해주세요. 어떤 종류의 프로그램이었나요?

Question 3

What is your most memorable TV program? When did you watch it? What was it about? Who appeared on the show? Why was it so memorable?
가장 기억에 남는 TV 프로는 무엇인가요? 언제 봤나요? 무엇에 관한 것이었나요? 누가 출연했나요? 왜 기억에 남나요?

Q1 실전문제 연습하기

When and where do you usually watch TV? On average, how much time do you spend watching TV? What programs do you like to watch?
주로 언제 어디서 TV를 보나요? TV를 보는 데 평균 몇 시간을 쓰나요? 어떤 프로그램을 즐겨보나요?

● 자신의 답을 만들기 위해 아이디어를 적어 보세요.

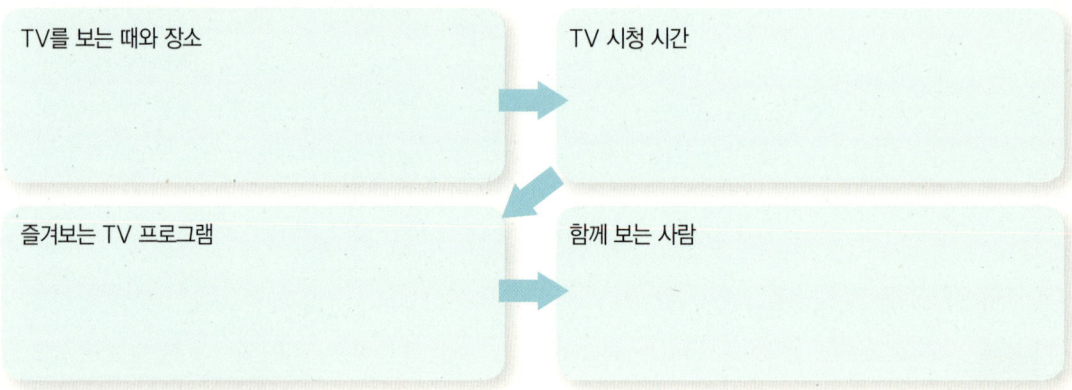

TV를 보는 때와 장소	TV 시청 시간
즐겨보는 TV 프로그램	함께 보는 사람

CORE EXPRESSIONS

TV를 보는 때와 장소
during the week 주중에   during the weekends 주말에   in the morning 아침에
in the evenings 저녁마다   while having dinner 저녁을 먹는 동안   at home 집에서
on one's way to work 출근길에   on a bus 버스에서   on the subway 전철에서

TV 시청 시간
for about an hour 한 시간 정도   all evening (long) 저녁 내내   all day long 하루 내내
for a few hours 몇 시간 동안   until midnight 자정까지

즐겨보는 TV 프로그램
enjoy watching ~ ~을 즐겨 보다   watch only ~ ~만을 보다
never miss watching ~ ~을 절대 빠뜨리지 않고 보다

함께 보는 사람
like to watch TV with ~ ~와 함께 TV 보는 걸 좋아하다
~ also like to watch ~ ~도 ~을 보는 걸 좋아하다
watching TV is enjoyable with ~ ~와 TV를 보는 건 즐겁다

Point Up!

- **TV를 보는 때와 장소**

  I enjoy watching television **during my spare time**.
  저는 여가 시간에 텔레비전을 즐겨봅니다.

- **TV 시청 시간**

  During the week, I watch TV **in the evening** at home.
  주중에는 저녁에 집에서 TV를 봅니다.

- **즐겨보는 TV 프로그램**

  My favorite TV show is "The Great Escape."
  제가 가장 좋아하는 프로는 '더 그레이트 이스케이프'입니다.

- **함께 보는 사람**

  My husband **is also a big fan**.
  제 남편도 광팬입니다.

 Model Answer  Ch08_A01

TV를 보는 때와 장소 I enjoy watching television **during my spare time**. **During the week**, I watch TV **in the evening** at home. **TV 시청 시간** It's usually **for about an hour**. But I watch more television during the weekends. **즐겨보는 TV 프로그램** **My favorite TV show is** "The Great Escape." It's such an entertaining show! **함께 보는 사람** My husband **is also a big fan**. We make sure to keep up with all of the new episodes.

해석
저는 여가 시간에 텔레비전을 즐겨봅니다. 주중에는 저녁에 집에서 TV를 봅니다. 시청 시간은 보통 1시간 정도입니다. 하지만 주말에는 텔레비전을 더 많이 봅니다. 제가 가장 좋아하는 프로는 '더 그레이트 이스케이프'입니다. 이 프로는 정말 재미있습니다! 제 남편도 광팬입니다. 우리는 새로 방송하는 회차를 하나도 빠짐없이 꼭 봅니다.

Q2 실전문제 연습하기

Tell me about a TV show you have watched recently. What kind of program was it?

최근에 본 TV 쇼에 대해 이야기해주세요. 어떤 종류의 프로그램이었나요?

● 자신의 답을 만들기 위해 아이디어를 적어 보세요.

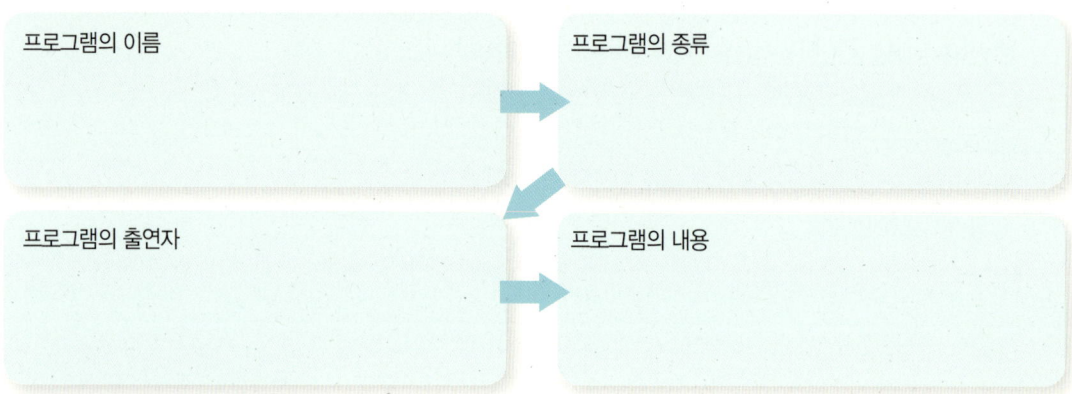

프로그램의 이름 → 프로그램의 종류 → 프로그램의 내용 → 프로그램의 출연자

CORE EXPRESSIONS

프로그램의 이름

lately, I watched ~ 최근에 ~을 보았다 just a while ago, I watched ~ 바로 얼마 전에 ~을 보았다
the other day, I watched ~ 요전날에 ~을 보다

프로그램의 종류

reality show 리얼리티쇼　　game show 게임쇼　　talk show 토크쇼　　news 뉴스
drama 드라마　　　　　　　comedy 코미디　　　sitcom 시트콤

프로그램의 출연자

judge 심사위원　　　　　host/hostess 남자 진행자/여자 진행자　　anchor 뉴스 앵커
actor/actress 남배우/여배우　　comedian 코미디언

프로그램의 내용

compete in a singing competition 노래 경연에서 경쟁하다
talk with a guest 게스트와 얘기하다　　　compete for a prize 상금을 놓고 경쟁하다
make people laugh 사람들을 웃기다　　　report the news 뉴스를 보도하다

Point Up!

- 프로그램의 이름

  Recently, I watched "All Day Italian."
  저는 최근에 '올 데이 이탈리안'을 봤습니다.

- 프로그램의 종류

  It's my favorite cooking show.
  제가 가장 좋아하는 요리 프로그램입니다.

- 프로그램의 출연자

  The show hostess is such a talented cook.
  이 프로그램의 진행자는 타고난 재능을 가진 요리사입니다.

- 프로그램의 내용

  In every episode, a new homemade recipe is introduced and explained.
  매 회마다 집에서 만드는 새로운 요리법을 소개하고 설명합니다.

Model Answer (여자)

[프로그램의 이름] **Recently, I watched** "All Day Italian." [프로그램의 종류] **It's my favorite** cooking show that's on the food channel every Thursday evening. [프로그램의 출연자] **The show hostess** is such a talented cook. She specializes in traditional Italian cuisine. Since I love Italian food, I get many new ideas and tips by watching this show. [프로그램의 내용] **In every episode**, a new homemade recipe is introduced and explained step by step. None of the recipes are too difficult.

해석

저는 최근에 '올 데이 이탈리안'을 봤습니다. 제가 가장 좋아하는 요리 프로그램으로, 매주 목요일 저녁 요리 채널에서 방송됩니다. 이 프로그램의 진행자는 타고난 재능을 가진 요리사입니다. 그녀는 이탈리아 전통 요리 전문가입니다. 저는 이탈리아 음식을 좋아하기 때문에 이 프로그램을 통해서 새로운 아이디어와 팁을 많이 얻습니다. 매 회마다 집에서 만드는 새로운 요리법을 소개하고, 한 단계 한 단계 요리 과정을 설명합니다. 너무 어려운 요리법은 하나도 없습니다.

Q3 실전문제 연습하기

What is your most memorable TV program? When did you watch it? What was it about? Who appeared on the show? Why was it so memorable?

가장 기억에 남는 TV 프로는 무엇인가요? 언제 봤나요? 무엇에 관한 것이었나요? 누가 출연했나요? 왜 기억에 남나요?

● 자신의 답을 만들기 위해 아이디어를 적어 보세요.

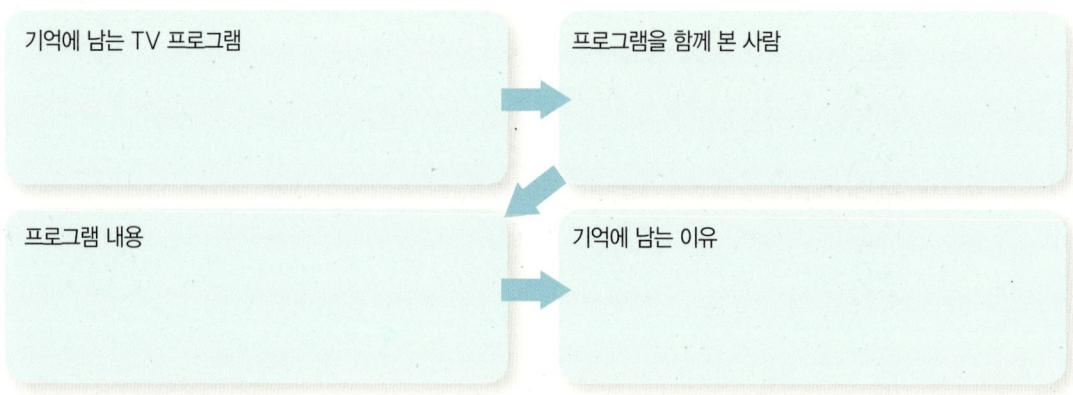

| 기억에 남는 TV 프로그램 | 프로그램을 함께 본 사람 |
| 프로그램 내용 | 기억에 남는 이유 |

CORE EXPRESSIONS

기억에 남는 TV 프로그램
- **still remember ~** ~을 아직도 기억하다
- **used to like to watch ~** ~을 보는 걸 좋아했다
- **stay in one's memory** 기억에 남아있다

프로그램을 함께 본 사람
- **sister** 여동생, 누나
- **husband** 남편
- **brother** 남동생, 형, 오빠
- **wife** 아내
- **parents** 부모님
- **colleages** 직장 동료
- **friends** 친구

프로그램 내용
- **compete for a prize** 상금을 놓고 경쟁하다
- **introduce local food** 지역음식을 소개하다
- **feature unbelievable stories** 믿기 힘든 이야기를 보여주다

기억에 남는 이유
- **have a lot of dramatic moments** 드라마틱한 장면이 많다
- **be thrilled with unexpected endings** 기대하지 못한 결말에 스릴이 있는
- **give shocking/touching stories** 충격적인/감동적인 이야기를 보여주다

Point Up!

- 기억에 남는 TV 프로그램

  As a child, my favorite TV program was "Music Q."
  어렸을 때 제가 가장 좋아하는 프로는 '뮤직 큐'였습니다.

- 프로그램을 함께 본 사람

  I watched it every Thursday evening **with my sister**.
  목요일 저녁마다 언니와 함께 봤습니다.

- 프로그램 내용

  The hour-long program featured popular Korean singers of that time.
  이 한 시간짜리 프로에는 당시 한국의 인기 가수들이 출연했습니다.

- 기억에 남는 이유

  My sister and I always tried to guess the winner.
  언니랑 저는 누가 1위를 할지 항상 예상해보았습니다.

Model Answer

 **As a child, my favorite TV program was** "Music Q."  **I watched it every Thursday evening with my sister**. 프로그램 내용 **The hour-long program featured** popular Korean singers of that time. Each singer would come on stage and perform his or her latest hit song. It was extremely enjoyable to watch. 기억에 남는 이유 **At the end of the show**, the emcees announced the week's number one singer. **My sister and I always tried to guess the winner**.

해석

어렸을 때 제가 가장 좋아하는 프로는 '뮤직 큐'였습니다. 목요일 저녁마다 언니와 함께 봤습니다. 이 한 시간짜리 프로에는 당시 한국의 인기 가수들이 출연했습니다. 가수 마다 무대에 올라 자신의 최신 유행곡을 선보였습니다. 정말 재미있게 봤습니다. 프로그램이 끝날 때쯤엔 사회자가 그 주의 최고 인기 가수를 발표했습니다. 언니랑 저는 누가 1위를 할지 항상 예상해보았습니다.

Level-Up! 한국인의 말하기 취약점 분석

주어/동사의 정확한 형태 사용하기

OPIc 준비를 하다 보면 가장 많이 볼 수 있는 기출 문제는 'Tell me about~ you often visit.'과 같은 형태로써, 자주 가는 장소나 자주 하는 활동, 자주 만나는 사람에 대해 묘사하라는 질문이 나옵니다. 이 때 한국인이 가장 실수를 많이 하는 부분은 주어에 따른 동사의 형태를 정확히 사용하지 못하는 것입니다. be동사와 일반동사가 3인칭 단수 현재형일 때의 쓰이는 형태, 그리고 복수일 때 쓰이는 형태에 대해서 대부분이 알고는 있지만 말로 할 때 실수하는 부분입니다. 3인칭 단수일 때는 be동사는 is, 일반동사에는 s를 붙이고, 3인칭 복수일 경우 be동사는 are, 일반동사는 원형을 그대로 사용한다는 것을 연습을 통해 익혀 두기 바랍니다.

- **3인칭 단수 주어, 현재형** (be동사 is)

  My favorite TV show is Believe it or Not.
  내가 가장 좋아하는 TV쇼는 "믿거나 말거나"이다.

  Watching TV at home during the week is a habit I can't break easily.
  주중에 집에서 TV를 보는 것은 쉽게 버리기 힘든 습관이다.

- **3인칭 단수 주어, 현재형** (일반동사+S)

  My wife watches TV dramas in the evenings.
  내 아내는 저녁마다 TV 드라마를 시청한다.

  Any kind of sport helps you relieves stress.
  어떤 종류의 스포츠이든 당신이 스트레스를 푸는 데 도움을 준다.

- **복수 주어, 현재형** (be동사 are, 일반동사)

  The chefs are supposed to make one or two dishes within fifteen minutes.
  셰프들은 1~2개의 요리를 15분 내에 만들어야 한다.

  My brother and I sometimes **fight** over the TV.
  내 동생과 나는 가끔 TV 채널 때문에 싸운다.

Chapter 09 | 신문

Background survey에서 여가 시간에 무엇을 하느냐라는 질문에서 '신문 읽기'를 선택했을 때 신문읽기와 관련한 여러 가지 콤보 문제가 나올 수 있습니다. 주로 신문의 구성이 어떻게 되는지, 즐겨보는 면이 무엇인지, 그리고 어떤 매체를 이용해서 보는지 등의 질문이 나오게 됩니다. 따라서 신문 구성, 나오는 기사, 즐겨보는 면은 왜 즐겨보는지 이유를 생각해 두어야 합니다. 요즘에는 포털 사이트나 SNS를 통해서 기사를 접하는 기회도 많기 때문에 이와 연관지어 답변을 하는 것도 좋습니다.

 해당 주제에서 세트로 출제 되는 문제 콤보를 확인해 보세요.  Ch09_Q1~3

Question 1

Tell me about the newspaper you often read. What is it? How often do you read it? Why do you like to read it? Tell me in detail.

자주 읽는 신문에 대해서 이야기해주세요. 어떤 신문인가요? 얼마나 자주 읽나요? 왜 그 신문을 읽는 걸 좋아하나요? 자세히 이야기해주세요.

Question 2

What sections are normally there in a newspaper? Do you have a particular order of reading a newspaper? What do you read first? What's your favorite section?

신문에는 보통 어떤 면들이 있나요? 신문을 읽는 특별한 순서가 있나요? 무엇을 가장 먼저 읽나요? 가장 좋아하는 면은 무엇인가요?

Question 3

What kind of news is reported in the newspaper these days? Is there a memorable article that you've read recently? Why is it so memorable to you?

요즘 신문에는 어떤 종류의 뉴스가 보도되나요? 최근에 본 기사 중에서 기억에 남는 것이 있나요? 왜 그 기사가 그렇게 기억에 남나요?

Q1 실전문제 연습하기

Tell me about the newspaper you often read. What is it? How often do you read it? Why do you like to read it? Tell me in detail.

자주 읽는 신문에 대해서 이야기해주세요. 어떤 신문인가요? 얼마나 자주 읽나요? 왜 그 신문을 읽는 걸 좋아하나요? 자세히 이야기해주세요.

● 자신의 답을 만들기 위해 아이디어를 적어 보세요.

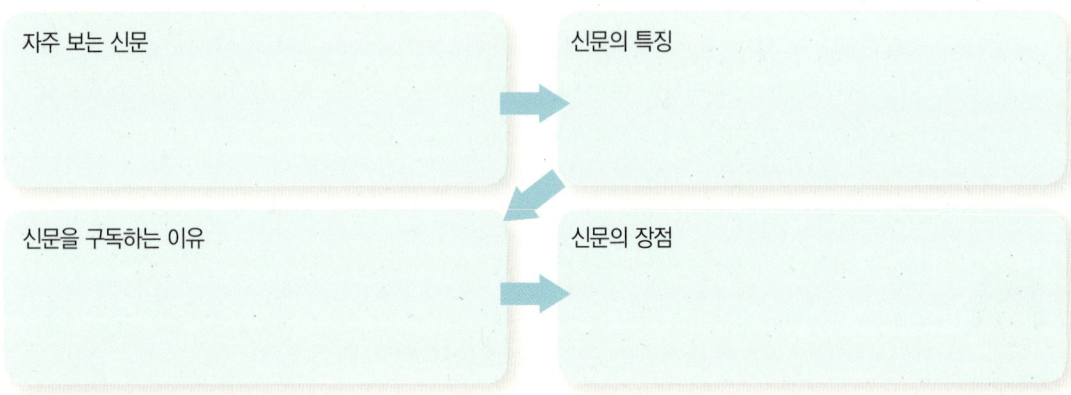

자주 보는 신문 → 신문의 특징

신문을 구독하는 이유 → 신문의 장점

CORE EXPRESSIONS

자주 보는 신문

I read ~ during the week. 나는 주중에 ~을 읽는다.
I read ~ every day. 나는 ~을 매일 읽는다.
I usually read ~ 나는 ~을 자주 읽는다.
I subscribe to ~ 나는 ~을 정기구독한다.

신문의 특징

have news videos 비디오 뉴스가 있다
have a great Book Review section 도서리뷰 코너가 있다

신문을 구독하는 이유

like to read a comic strip 연재 만화 읽기를 좋아하다
be up to date on ~ ~에 대한 최근 현황을 접하다
enjoy reading a travel section 여행면을 즐겨 읽다

신문의 장점

be easy to search for articles in the archive 자료보관소에서 기사를 찾기 쉽다
cover everything from local news to world news 지역뉴스부터 세계뉴스까지 모든 것을 다루다

Point Up!

- 자주 보는 신문

    I often read the Korean Daily.
    저는 코리안 데일리를 자주 읽습니다.

- 신문의 특징

    It's **a daily newspaper with all types of news**.
    이 신문은 모든 종류의 뉴스를 다루는 일간지입니다.

- 신문을 구독하는 이유

    I like to read Korean Daily **to keep up with the global and domestic news**.
    저는 국내외 최신 뉴스를 알기 위해 코리안 데일리를 즐겨 읽습니다.

- 신문의 장점

    Personally, I believe Korea Daily **covers daily news the best**.
    개인적으로는 코리안 데일리가 일일 뉴스를 가장 잘 보도한다고 생각합니다.

Model Answer

[자주 보는 신문] **I often read** the Korean Daily. [신문의 특징] It's **a daily newspaper with all types of news**. As one of the major newspapers in Korea, **there are many subscribers**. [신문을 구독하는 이유] I like to read Korean Daily **to keep up with the global and domestic news**. Also, there is **an English section that helps me practice my English**. [신문의 장점] **Personally, I believe** Korea Daily **covers daily news the best**. It seems **the most trustworthy and accurate**.

[해석]
저는 코리안 데일리를 자주 읽습니다. 이 신문은 모든 종류의 뉴스를 다루는 일간지입니다. 한국의 주요 신문 중 하나로 구독자가 많습니다. 저는 국내외 최신 뉴스를 알기 위해 코리안 데일리를 즐겨 읽습니다. 신문에는 영어 코너가 있어서 영어 연습을 하는 데도 도움이 됩니다. 개인적으로는 코리안 데일리가 일일 뉴스를 가장 잘 보도한다고 생각합니다. 이 신문이 가장 믿을만하고 정확한 것 같습니다.

Q2 실전문제 연습하기

What sections are normally there in a newspaper? Do you have a particular order of reading a newspaper? What do you read first? What's your favorite section?

신문에는 보통 어떤 면들이 있나요? 신문을 읽는 특별한 순서가 있나요? 무엇을 가장 먼저 읽나요? 가장 좋아하는 면은 무엇인가요?

● 자신의 답을 만들기 위해 아이디어를 적어 보세요.

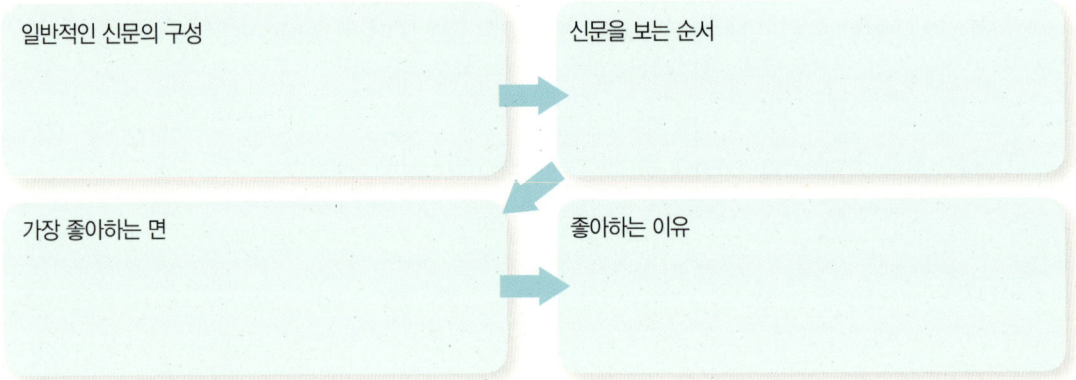

일반적인 신문의 구성

신문을 보는 순서

가장 좋아하는 면

좋아하는 이유

CORE EXPRESSIONS

일반적인 신문의 구성

Generally, newspapers have ~ 일반적으로, 신문은 ~로 구성되어 있다
Most newspapers have ~ 대부분의 신문은 ~로 구성되어 있다

신문을 보는 순서

read ~ section first 처음에 ~면을 읽는다
~ be the first section I read ~는 내가 처음에 읽는 면이다

가장 좋아하는 면

My favorite section is ~ 내가 가장 좋아하는 면은 ~이다
~ be my favorite section ~는 내가 가장 좋아하는 면이다

좋아하는 이유

get to know what's going on about ~ ~이 어떻게 돌아가고 있는지 알게 되다
can keep myself updated with ~ ~에 대해 최신 정보를 알 수 있다

Point Up!

- 일반적인 신문의 구성
  <u>**Most newspapers consist of**</u> political, business, social, and sports sections.
  대부분의 신문은 정치, 경제, 사회, 스포츠 면으로 구성되어 있습니다.

- 신문을 보는 순서
  <u>**Usually, I like to read**</u> the weather forecast <u>**first**</u> to check the weather.
  저는 날씨를 확인하기 위해 보통 일기 예보를 가장 먼저 읽습니다.

- 가장 좋아하는 면
  <u>**My favorite section has to be**</u> sports.
  제가 가장 좋아하는 면은 스포츠면입니다.

- 좋아하는 이유
  <u>**I can keep myself up-to-date on**</u> baseball by reading the sports section.
  스포츠면을 읽으면 항상 새로운 야구 소식을 알 수 있습니다.

Model Answer (남자)

 **일반적인 신문의 구성** <u>**Most newspapers consist of**</u> political, business, social, and sports sections. The main stories are always on the first page of the newspaper. **신문을 보는 순서** <u>**Usually, I like to read**</u> the weather forecast <u>**first**</u> to check the weather. Then, I skim through the news headlines to see which stories are interesting. **가장 좋아하는 면** But <u>**my favorite section has to be**</u> sports since I'm a major baseball fan. **좋아하는 이유** <u>**I can keep myself up-to-date on**</u> baseball by reading the sports section.

해석
대부분의 신문은 정치, 경제, 사회, 스포츠면으로 구성되어 있습니다. 신문 제 1면에는 항상 주요 기사가 있습니다. 저는 날씨를 확인하기 위해 보통 일기 예보를 가장 먼저 읽습니다. 그 다음엔, 재미있는 기삿거리를 보려고 뉴스 제목을 훑어봅니다. 하지만 저는 야구 광팬이기 때문에 스포츠면을 가장 좋아합니다. 스포츠면을 읽으면 항상 새로운 야구 소식을 알 수 있습니다.

Q3 실전문제 연습하기

What kind of news is reported in the newspaper these days? Is there a memorable article that you've read recently? Why is it so memorable to you?

요즘 신문에는 어떤 종류의 뉴스가 보도되나요? 최근에 본 기사 중에서 기억에 남는 것이 있나요? 왜 그 기사가 그렇게 기억에 남나요?

● 자신의 답을 만들기 위해 아이디어를 적어 보세요.

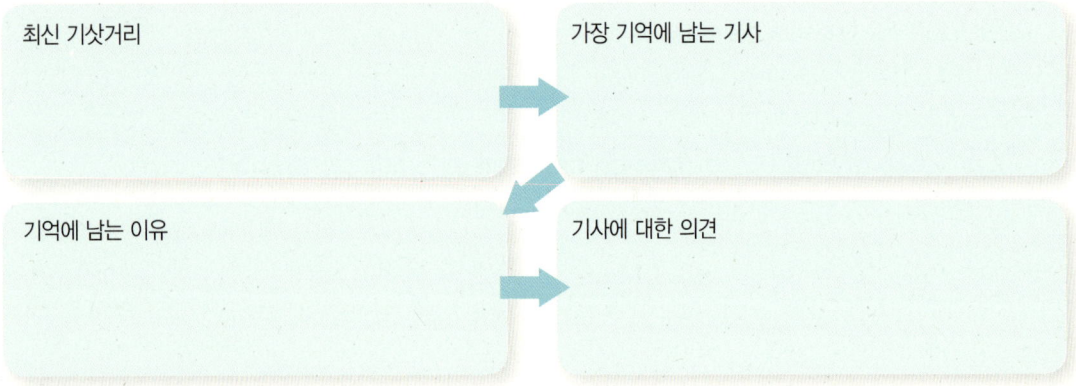

최신 기삿거리

가장 기억에 남는 기사

기억에 남는 이유

기사에 대한 의견

CORE EXPRESSIONS

최신 기삿거리
- The latest news is ~ 가장 최근 뉴스는 ~이다
- Lately, I hear a lot about~ 최근 ~에 대해 많이 듣는다

가장 기억에 남는 기사
- I remember reading about ~ 나는 ~에 대해 읽은 기억이 난다
- The most memorable news article is about ~ 가장 기억에 남는 뉴스 기사는 ~이다

기억에 남는 이유
- It stays in one's mind because ~ ~라는 이유 때문에 머리 속에 남아 있다
- I remember it clearly because ~ ~라는 이유 때문에 나는 그것을 선명하게 기억하고 있다

기사에 대한 의견
- It may be true, but I think ~ 그게 사실일지라도 나는 ~라고 생각한다
- I agree on the fact that ~ 나는 ~라는 사실에 동의한다

Point Up!

- 최신 기삿거리
  These days, all kinds of news is reported.
  요즘 모든 종류의 뉴스가 다 보도됩니다.

- 가장 기억에 남는 기사
  The most recent news article I've read was about robots.
  제가 가장 최근에 읽었던 뉴스 기사는 로봇에 관한 것이었습니다.

- 기억에 남는 이유
  Personally, it was memorable because robots were once considered as future dreams.
  예전에는 로봇을 미래의 꿈으로 생각했기 때문에 개인적으로 그 기사가 기억에 남습니다.

- 기사에 대한 의견
  I don't believe they can ever replace humans.
  인간을 대체할 수 있다고는 믿지 않습니다.

Model Answer

[최신 기삿거리] **These days, all kinds of news is** reported. [가장 기억에 남는 기사] **The most recent news article I've read was** about robots. [기억에 남는 이유] **Personally, it was memorable because** robots were once considered as future dreams. Now, they are actually being built and used. The article talked about robot developments in the next 20 years. [기사에 대한 의견] While robots can definitely be useful, **I don't believe** they can ever replace humans.

[해석]
요즘 모든 종류의 뉴스가 다 보도됩니다. 제가 가장 최근에 읽었던 뉴스 기사는 로봇에 관한 것이었습니다. 예전에는 로봇을 미래의 꿈으로 생각했기 때문에 개인적으로 그 기사가 기억에 남습니다. 지금은 로봇이 실제로 만들어지고 사용되고 있습니다. 그 기사는 향후 20년간 로봇 개발에 관해 이야기했습니다. 로봇은 확실히 유용하겠지만 인간을 대체할 수 있다고는 믿지 않습니다.

Level-Up! 한국인의 말하기 취약점 분석

현재시제 정확하게 사용하기

Background survey에서 선택한 주제와 관련하여 문제가 출제될 때 주제에 대한 일반적인 사실 묘사나 장소 묘사, 인물 묘사 등에 대한 문제가 많이 나오게 됩니다. 그 중 일반적인 사실을 묘사할 때 현재시제, 일상적인 습관을 묘사할 때에도 현재시제를 일관적으로 사용한다는 것을 염두에 두시기 바랍니다. 또한 짧은 문장으로 대답한다 할지라도 짤막짤막한 표현들을 재결합해서 얼마나 문장을 완벽하고 정확하게 구성할 수 있느냐가 IL등급 획득의 관건이기 때문에 올바른 시제와 함께 문장을 정확하게 만드는 연습을 하는 것이 중요합니다.

● 일반적인 사실

Only 30% of the people **read** the Sunday newspaper travel section.
사람들 중 30%만이 일요신문의 여행난을 읽는다.

Today people **have** a lot more to do on the web besides reading and buying.
요즘 사람들은 읽고 사는 것 외에도 웹사이트에서 할 수 있는 것들이 많다.

● 습관적인 동작

I often **walk** my dog when I need a breath of fresh air.
나는 신선한 공기를 쐬고 싶을 때 종종 개를 산책시킨다.

I **drink** a cup of water before a meal.
나는 식사 전에 물을 한 컵 마신다.

● 불변의 진리

South Korea **has** four seasons, but its climate is changing to a subtropical one.
한국에는 사계절이 있지만 아열대기후로 변해가고 있다.

Each morning the sun **rises** in the east and I have to go to work.
아침마다 태양이 동쪽에서 떠오르면 나는 일하러 가야 한다.

Chapter 10 | 문자 보내기

Background survey에서 문자 보내기를 선택한 경우에는 당연히 전화 사용과 연결 지어서 문제가 출제 됩니다. 그래서 휴대전화 사용과 관련하여 어떤 기기를 사용하는지, 어떤 문자를 누구에게 보내는지, 문자 보내면서 에피소드가 있는지, 잘못 보내거나 다른 곤란한 상황은 없는지, 있다면 어떻게 해결 했는지 등의 질문이 주어지게 됩니다. 문자가 카카오톡등과 같은 메시지 전송 프로그램을 생활속에서 자주 사용하기 때문에 자신의 에피소드에 의해 쉽게 설명할 수 있도록 전화 사용에 대한 용어와 표현을 정리해 둘 필요가 있습니다.

 해당 주제에서 세트로 출제 되는 문제 콤보를 확인해 보세요.  Ch10_Q1~3

Question 1

I'd like to know about your mobile phone. What kind of phone is it? What does it look like? What functions does it have?

귀하의 휴대폰에 대해 알고 싶습니다. 어떤 종류의 휴대폰인가요? 겉모양은 어떤가요? 어떤 기능을 가지고 있나요?

Question 2

Have you ever had a problem while exchanging texts with your friends? What was the problem? How did it happen?

친구와 문자를 주고받던 중에 문제가 발생한 적이 있나요? 무엇이 문제였나요? 어떻게 해서 문제가 발생했나요?

Question 3

Tell me about the time when you first started sending text messages. When was it? How did you feel? Who did you send text messages to? Did you use any emojis?

처음 문자메시지를 보냈을 때에 대해 이야기해주세요. 언제였나요? 느낌이 어땠나요? 누구에게 메시지를 보냈나요? 이모티콘은 사용했나요?

Q1 실전문제 연습하기

I'd like to know about your mobile phone. What kind of phone is it? What does it look like? What functions does it have?

귀하의 휴대폰에 대해 알고 싶습니다. 어떤 종류의 휴대폰인가요? 겉모양은 어떤가요? 어떤 기능을 가지고 있나요?

● 자신의 답을 만들기 위해 아이디어를 적어 보세요.

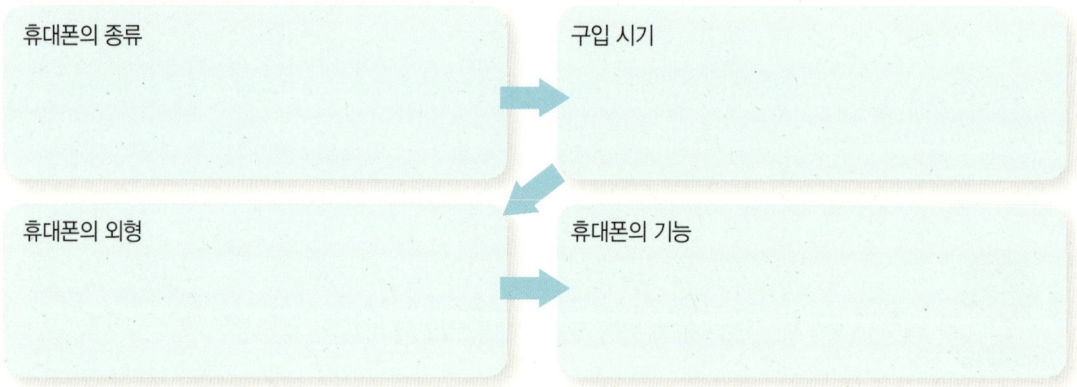

휴대폰의 종류	구입 시기

휴대폰의 외형	휴대폰의 기능

CORE EXPRESSIONS

휴대폰의 종류

currently, I use ~ 나는 현재 ~을 사용한다
my cell phone is ~ 내 휴대폰은 ~이다
I recently got ~ 나는 최근에 ~을 샀다

구입 시기

last month 지난 달에
this summer 이번 여름에
a few months ago 몇 달 전에
at the beginning of this year 올 초에
a year ago 1년 전에

휴대폰의 외형

have a 5-inch display 5인치 디스플레이이다
have rounded corners 둥근 모서리이다
be silver(white/gold) 은색(흰색/금색)이다
have a button at the bottom 밑쪽에 버튼이 있다

휴대폰의 기능

feature a high resolution camera 고해상도 카메라가 특징이다
draw a picture with a pen 펜으로 그림을 그리다

Point Up!

- 휴대폰의 종류

  <u>Currently, I use</u> the Solar Note 7.
  저는 현재 솔라노트7을 사용합니다.

- 구입 시기

  I bought this cell phone toward <u>the end of last year</u>.
  작년 말쯤에 이 휴대폰을 샀습니다.

- 휴대폰의 외형

  My Note 7 is <u>black with a big screen and a touch pen</u>.
  제 노트7은 검은색이고 큰 화면에 터치펜이 있습니다.

- 휴대폰의 기능

  I can <u>take notes</u> on my phone and even <u>make short PowerPoint presentations</u>.
  휴대폰에 메모도 할 수 있고 간단한 파워포인트 문서도 작성할 수 있습니다.

Model Answer

Ch10_A01

 <u>Currently, I use</u> the Solar Note 7.  I bought this toward <u>the end of last year</u>. My original phone suddenly died one day and could not be fixed. So, I had to buy a new one. 휴대폰의 외형 My Note 7 is <u>**black with a big screen and a touch pen**</u>. While bigger in size, it's much slimmer than the previous models. 휴대폰의 기능 I can <u>**take notes**</u> on my phone and even <u>**make short PowerPoint presentations**</u>.

해석

저는 현재 솔라노트7을 사용합니다. 작년 말쯤에 이 휴대폰을 샀습니다. 원래 쓰던 휴대폰이 어느 날 갑자기 꺼졌고 수리를 할 수 없었습니다. 그래서 새 휴대폰을 사야 했습니다. 제 노트7은 검은색이고 큰 화면에 터치펜이 있습니다. 크기는 크지만 전에 쓰던 제품들보다 훨씬 더 얇습니다. 휴대폰에 메모도 할 수 있고 간단한 파워포인트 문서도 작성할 수 있습니다.

Q2 실전문제 연습하기

Have you ever had a problem while exchanging texts with your friends? What was the problem? How did it happen?

친구와 문자를 주고받던 중에 문제가 발생한 적이 있나요? 무엇이 문제였나요? 어떻게 해서 문제가 발생했나요?

● 자신의 답을 만들기 위해 아이디어를 적어 보세요.

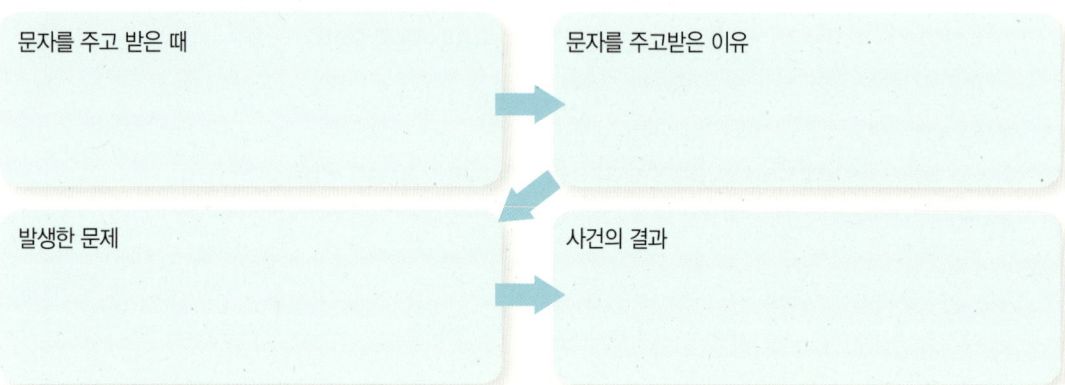

문자를 주고 받은 때	문자를 주고받은 이유
발생한 문제	사건의 결과

CORE EXPRESSIONS

문자를 주고 받은 때
- exchange texts with one's friend 친구와 문자를 주고받다
- text to each other 서로에게 문자를 하다

문자를 주고받은 이유
- be going to ~ ~할 계획이다
- ask ~ a favor ~에게 부탁을 하다
- be planning to ~ ~하려는 계획 중이다
- give information on ~ ~에 대한 정보를 주다

발생한 문제
- something urgent come up 급한 일이 생기다
- run out of battery 배터리가 다 닳다
- lose one's cell phone 휴대폰을 잃어버리다
- have a car accident 자동차 사고가 나다

사건의 결과
- postpone the appointment 약속을 미루다
- go to a hospital 병원에 가다
- borrow a cell phone 휴대폰을 빌리다

Point Up!

- 문자를 주고받은 때
  I was exchanging texts with my friend a few weeks ago.
  저는 몇 주 전에 친구와 문자를 주고받고 있었습니다.

- 문자를 주고받은 이유
  We had a plan to meet up for dinner after work.
  우리는 퇴근 후에 만나서 저녁을 먹으려고 계획했습니다.

- 발생한 문제
  Because of some connection problem, **my texts were not sent to my friend**.
  연결상의 문제 때문에 제 문자가 친구에게 전송되지 않았습니다.

- 사건의 결과
  He ended up waiting at the restaurant for over an hour!
  친구는 결국 식당에서 한 시간 넘게 기다렸습니다!

Model Answer

[문자를 주고 받은 때] **I was exchanging texts with my friend** a few weeks ago. [문자를 주고받은 이유] **We had a plan to** meet up for dinner after work. But unfortunately, my boss suddenly decided to schedule a strategy meeting. I texted my friend apologizing and cancelling our dinner plans. [발생한 문제] But **because of** some connection problem, **my texts were not sent to my friend**. [사건의 결과] **He ended up** waiting at the restaurant for over an hour! I felt extremely sorry.

[해석]
저는 몇 주 전에 친구와 문자를 주고받고 있었습니다. 우리는 퇴근 후에 만나서 저녁을 먹으려고 계획했습니다. 그런데 운이 없게도, 상사가 갑자기 전략 회의 일정을 잡겠다고 결정을 내렸습니다. 저는 친구에게 미안하다고 하고 저녁 식사를 취소한다는 문자를 보냈습니다. 하지만 연결상의 문제 때문에 제 문자가 친구에게 전송되지 않았습니다. 친구는 결국 식당에서 한 시간 넘게 기다렸습니다! 저는 정말 미안한 마음이 들었습니다.

Q3 실전문제 연습하기

Tell me about the time when you first started sending text messages. When was it? How did you feel? Who did you send text messages to? Did you use any emojis?

처음 문자메시지를 보냈을 때에 대해 이야기해주세요. 언제였나요? 느낌이 어땠나요? 누구에게 메시지를 보냈나요? 이모티콘은 사용했나요?

● 자신의 답을 만들기 위해 아이디어를 적어 보세요.

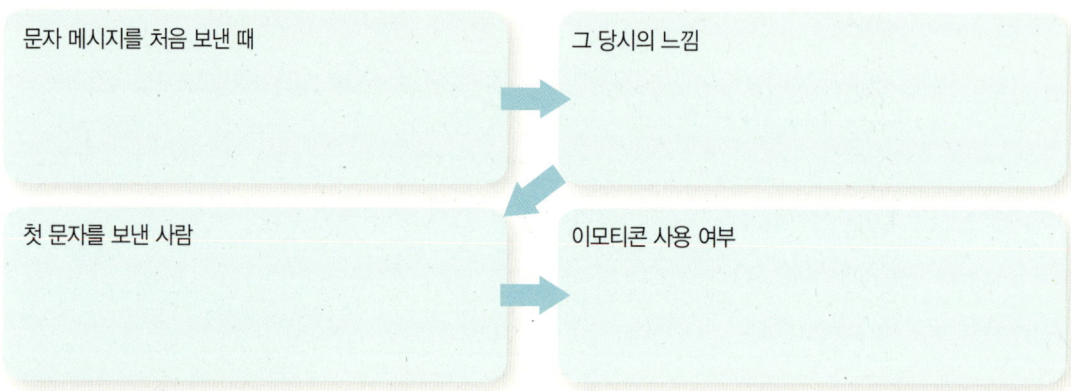

| 문자 메시지를 처음 보낸 때 | 그 당시의 느낌 |
| 첫 문자를 보낸 사람 | 이모티콘 사용 여부 |

CORE EXPRESSIONS

문자 메시지를 처음 보낸 때

send one's first text message 첫 문자 메시지를 보내다
The first time I sent a text was~ 내가 처음 문자를 보낸 때는 ~이었다
For the first time, I sent a text 처음으로 나는 문자를 보냈다

그 당시의 느낌

be fascinated by ~ ~에 반하다
be excited to ~ ~하는 것이 흥분되다
be a lot of fun 정말 재미있다
be marvelous that ~ ~라는 것이 신기하다

첫 문자를 보낸 사람

~ was the person who I sent my first test to ~는 내가 처음으로 문자를 보낸 사람이다
It was ~ that I sent my first text to 첫 문자를 보낸 사람은 ~이었다

이모티콘 사용 여부

use emojis to ~ ~하기 위해 이모티콘을 사용하다
like to use emojis since(because) ~ ~하기 때문에 이모티콘 사용하는 것을 좋아하다
Using emojis is ~ 이모티콘을 사용하는 것은 ~하다

Point Up!

- 문자 메시지를 처음 보낸 때

  I sent my first text message when I was in university.
  저는 대학교 때 처음 문자 메시지를 보냈습니다.

- 그 당시의 느낌

  I was fascinated by this new way of communication.
  저는 이 새로운 통신 방식에 반했습니다.

- 첫 문자를 보낸 사람

  My first text message was to one of my friends.
  제가 처음 보낸 문자는 친구한테였습니다.

- 이모티콘 사용 여부

  After getting comfortable with texting, **I started using** more emojis in my text messages.
  문자 보내기가 편해지고 난 뒤로는 메시지에 이모티콘을 더 많이 사용하기 시작했습니다.

Model Answer

[문자 메시지를 처음 보낸 때] **I sent my first text message** when I was in university. It was such a new experience! [그 당시의 느낌] **I was fascinated by** this new way of communication. It was so much easier to text than call. [첫 문자를 보낸 사람] **My first text message was to** one of my friends. I asked him to meet me at the cafeteria for lunch. I don't think I used any emojis. [이모티콘 사용 여부] After getting comfortable with texting, **I started using** more emojis in my text messages.

[해석]
저는 대학교 때 처음 문자 메시지를 보냈습니다. 정말 새로운 경험이었습니다! 저는 이 새로운 통신 방식에 반했습니다. 전화를 거는 것보다 문자를 보내는 게 훨씬 더 쉬웠습니다. 제가 처음 보낸 문자는 친구한테였습니다. 친구한테 점심 때 학교 식당에서 만나자고 했습니다. 이모티콘은 사용하지 않았던 것 같습니다. 문자 보내기가 편해지고 난 뒤로는 메시지에 이모티콘을 더 많이 사용하기 시작했습니다.

Level-Up! 한국인의 말하기 취약점 분석

다양한 표현 사용하기

OPIc 평가자들은 수험자가 답한 문제를 모두 듣고 총체적인 평가를 합니다. 문제 출제 의도에 맞게 얼마나 과제를 잘 수행했는지(Global Tasks/Functions), 문맥에 맞도록 대답 했는지(Context/Content), 듣는 사람에게 얼마나 잘 이해가 잘 되도록 대답했는지(Accuracy/Comprehensibility), 다양한 문형과 어휘를 사용했는지(Text Type)에 따라서 채점을 하게됩니다. 세부적으로 문법이나, 발음 등을 세세하게 평가하는 것이 아니라 총체적이고 다면적인 평가를 하게 되는데요. Text type에 있어서 가장 중요한 것이 다양한 문형, 어휘의 사용이라고 할 수 있습니다. 다양한 어휘 문형의 사용에 한국인이 가장 취약하므로 연습을 통해 자연스럽게 다양한 문형을 사용할 수 있도록 하는 것이 좋습니다.

● 품사 활용하기: 명사/동사

We had some **plans** for our friend's birthday tonight.
우리는 오늘 밤 친구 생일을 축하해 줄 계획이 있었다.

I **planned** to visit some of the places I liked as a child.
어렸을 적 내가 좋아했던 몇몇 장소를 찾아가볼 계획이었다.

● 능동/수동 표현하기

People **use** so many emojis in their text messages that sometimes there are more emojis than text.
사람들이 이모티콘을 너무 많이 사용해서 때로는 한 문자 메시지에 글자보다 이모티콘이 더 많기도 하다.

A cell phone is often **used** to send text messages with photos taken using the device.
휴대폰을 사용해 찍은 사진을 종종 문자 메시지로 보낸다.

Chapter 11 | 카페 가기

Background survey의 여가 활동에서 '카페/커피전문점에 가기'를 선택을 한 경우, 자주 가는 카페의 위치나 모습, 분위기 등에 대한 묘사를 해 보라는 질문이 주어지게 됩니다. 그런 후에는 카페에 가서 하는 습관적인 행동이라든지, 특별히 하는 행동이 있는지를 물어봅니다. 그리고 마지막으로 최근 카페에 갔을 때 언제 갔는지, 누구와 갔는지, 무엇을 했고 그 중에 기억나는 일을 묘사해보라는 질문이 나옵니다. 따라서 '카페/커피전문점 가기' 주제에서는 카페에서 할 수 있는 다양한 활동에 대해 생각해볼 수도 있고 혹은 '술집/bar가기'와 연관지어 에피소드를 준비해도 좋습니다.

 해당 주제에서 세트로 출제 되는 문제 콤보를 확인해 보세요.  Ch11_Q1~3

Question 1

Let's talk about the café you often go to. Where do you usually go? Where is it located? How often do you go? What's the atmosphere of the café?

자주 가는 카페에 대해서 이야기해봅시다. 주로 어디로 가나요? 카페는 어디에 있나요? 얼마나 자주 가나요? 카페의 분위기는 어떤가요?

Question 2

What do you usually do when you go to a café? Do you do anything special at the café?

카페에 가면 보통 무엇을 하나요? 카페에서 특별한 일을 하나요?

Question 3

Have you had an interesting or unexpected experience at a café? What happened? What made it so memorable? Describe it in as much detail as possible.

카페에서 재미있거나 예상치 못한 경험을 한 적이 있나요? 무슨 일이 있었나요? 왜 그렇게 기억에 남나요? 가능한 자세히 묘사해주세요.

Q1 실전문제 연습하기

> Let's talk about the café you often go to. Where do you usually go? Where is it located? How often do you go? What's the atmosphere of the café?
>
> 자주 가는 카페에 대해서 이야기해봅시다. 주로 어디로 가나요? 카페는 어디에 있나요? 얼마나 자주 가나요? 카페의 분위기는 어떤가요?

● 자신의 답을 만들기 위해 아이디어를 적어 보세요.

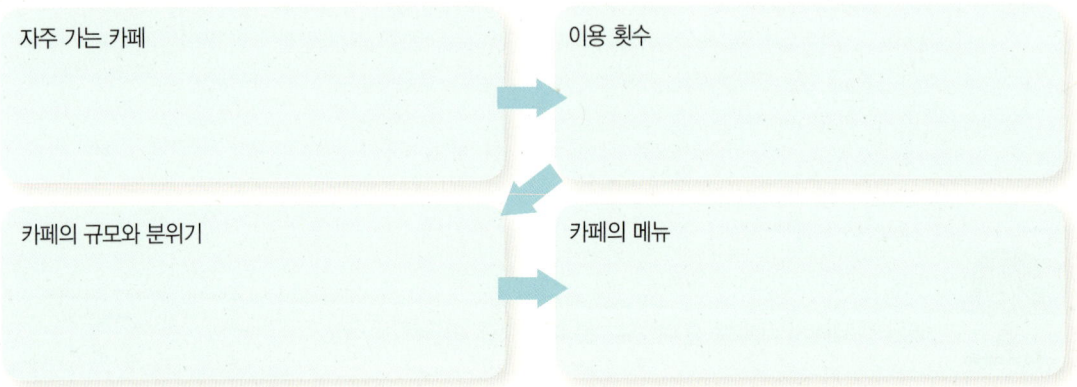

| 자주 가는 카페 | 이용 횟수 |
| 카페의 규모와 분위기 | 카페의 메뉴 |

CORE EXPRESSIONS

자주 가는 카페

I often go to ~ 나는 ~에 자주 간다
Most of the time I go to ~ 주로 나는 ~에 간다

이용 횟수

twice a week 일주일에 두 번
almost every day 거의 매일
more than three times a week 일주일에 세 번 이상

카페의 규모와 분위기

have a little bit of noise 약간 시끄럽다
be spacious 공간이 넓다
feel comfy 편안한 느낌이다
have a classy atmosphere 고급스런 분위기이다

카페의 메뉴

have a great selection of coffee 엄선된 커피가 있다
have superb dessert 후식이 뛰어나다
feature specialty teas 특선차를 자랑하다

Point Up!

- 자주 가는 카페

    My coworkers and **I frequently go to** The White Top café.

    회사 동료들과 저는 더화이트탑 카페에 자주 갑니다.

- 이용 횟수

    So, I go to the café **at least once a day**.

    그래서 하루에 한 번은 이 카페에 갑니다.

- 카페의 규모와 분위기

    The White Top **is small** but **has a warm, cozy vibe**.

    더화이트탑은 작지만 분위기가 따뜻하고 아늑합니다.

- 카페의 메뉴

    Its menu selection is small, but everything tastes amazing.

    메뉴 가짓수는 작지만 맛은 모두 훌륭합니다.

Model Answer

 Ch11_A01

[자주 가는 카페] My coworkers and **I frequently go to** The White Top café. It's located next to my company building. I like to start my mornings with a cup of coffee. [이용 횟수] So, I go to the café **at least once a day**. [카페의 규모와 분위기] The White Top **is small** but **has a warm, cozy vibe**. The interior seems to be modeled after a European home. [카페의 메뉴] **Its menu selection is** small, but everything tastes amazing.

[해석]

회사 동료들과 저는 더화이트탑 카페에 자주 갑니다. 이 카페는 회사 건물 옆에 있습니다. 저는 커피 한 잔으로 매일 아침을 시작하는 걸 좋아합니다. 그래서 하루에 한 번은 이 카페에 갑니다. 더화이트탑은 작지만 분위기가 따뜻하고 아늑합니다. 실내는 유럽의 가정집을 따라서 장식한 것 같습니다. 메뉴 가짓수는 작지만 맛은 모두 훌륭합니다.

Q2 실전문제 연습하기

What do you usually do when you go to a café? Do you do anything special at the café?

카페에 가면 보통 무엇을 하나요? 카페에서 특별한 일을 하나요?

● 자신의 답을 만들기 위해 아이디어를 적어 보세요.

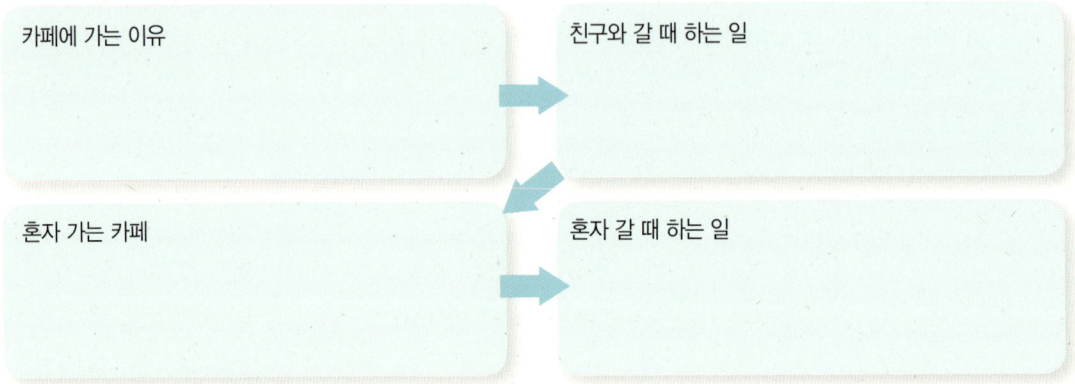

카페에 가는 이유	친구와 갈 때 하는 일
혼자 가는 카페	혼자 갈 때 하는 일

CORE EXPRESSIONS

카페에 가는 이유

The reason I go to a café is ~ 내가 카페에 가는 이유는 ~이다
go to a café to ~ ~하기 위해 카페에 가다

친구와 갈 때 하는 일

do a group project together 함께 그룹 프로젝트를 하다
catch up on ~ ~에 대해 그동안 못한 얘기를 하다
savor a mug of coffee and chat 커피 한 잔을 즐기며 잡담하다

혼자 갈 때 하는 일

take a seat and read a book 자리 잡고 책을 읽다
write a blog post 블로그를 작성하다
check social media 소셜미디어를 확인하다

Point Up!

- 카페에 가는 이유

  I like to go to a café either to meet a friend or to work.

  저는 친구를 만나거나 일을 하기 위해 카페에 가는 것을 좋아합니다.

- 친구와 갈 때 하는 일

  My friend and I sit in comfortable chairs and spend a long time chatting.

  제 친구와 저는 편한 의자에 앉아서 오랫동안 이야기를 나눕니다.

- 혼자 가는 카페

  I usually to go a study café where the atmosphere is very quiet and calm.

  저는 보통 분위기가 조용하고 차분한 스터디 카페로 갑니다.

- 혼자 갈 때 하는 일

  I order a large cup of latte and do the work I need to finish.

  커다란 라떼 한 잔을 시켜놓고 끝내야 할 일을 합니다.

Model Answer (남자)

[카페에 가는 이유] **I like to go to a café either to meet** a friend or to work. Cafés are the perfect place to meet someone. [친구와 갈 때 하는 일] My friend and I **sit in comfortable chairs** and **spend a long time chatting**. I also like to go to a café by myself when I have some work to do. [혼자 가는 카페] **I usually go to** a study café where the atmosphere is very quiet and calm. [혼자 갈 때 하는 일] **I order a large cup of latte and do the work I need to finish**.

[해석]

저는 친구를 만나거나 일을 하기 위해 카페에 가는 것을 좋아합니다. 카페는 누군가를 만나기에 완벽한 장소입니다. 제 친구와 저는 편한 의자에 앉아서 오랫동안 이야기를 나눕니다. 저는 할 일이 있을 때 혼자서 카페에 가는 것도 좋아합니다. 보통은 분위기가 조용하고 차분한 스터디 카페로 갑니다. 커다란 라떼 한 잔을 시켜놓고 끝내야 할 일을 합니다.

Q3 실전문제 연습하기

Have you had an interesting or unexpected experience at a café? What happened? What made it so memorable? Describe it in as much detail as possible.

카페에서 재미있거나 예상치 못한 경험을 한 적이 있나요? 무슨 일이 있었나요? 왜 그렇게 기억에 남나요? 가능한 자세히 묘사해주세요.

● 자신의 답을 만들기 위해 아이디어를 적어 보세요.

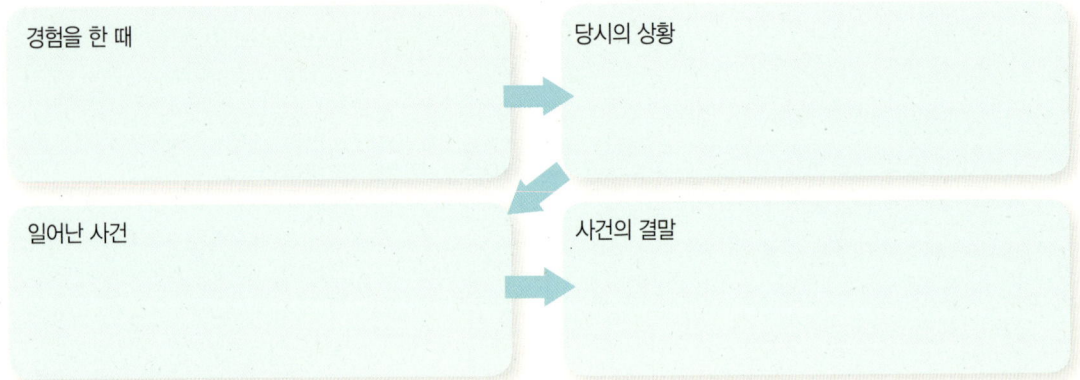

경험을 한 때 → 당시의 상황

일어난 사건 ← 사건의 결말

CORE EXPRESSIONS

경험을 한 때
- just a while ago 불과 얼마 전에
- when I am ~ing 내가 ~하고 있을 때
- it is when I ~ 내가 ~하는 때이다

당시의 상황
- notice that ~ ~라는 것을 알아차리다
- feel that ~ ~하다고 느끼다
- realize that ~ ~라는 것을 깨닫다
- be surprised to see ~ ~을 보고 놀라다

일어난 사건
- it turns out that ~ ~로 밝혀지다
- find out that ~ ~라는 것을 알게 되다

사건의 결말
- talk for hours 몇 시간동안 얘기하다
- complain 불평하다
- apologize for ~ ~에 대해 사과하다
- have a good time 즐거운 시간을 보내다
- call for help 도움을 요청하다

Point Up!

- 경험을 한 때
  A few months ago, I was at a café doing some work.
  저는 몇 달 전에 카페에서 일을 하고 있었습니다.

- 당시의 상황
  After a while, **I noticed** a woman across the room because she continued to stare at me.
  잠시 후, 어떤 여자가 저를 계속 응시하고 있어서 그 여자를 의식하게 되었습니다.

- 일어난 사건
  It turned out that we were in the same class in high school!
  알고 보니 우리는 고등학교 때 같은 반이었습니다!

- 사건의 결말
  Before parting, **we exchanged numbers** and **promised to keep in touch**.
  우리는 헤어지기 전에 전화번호를 교환하고 연락하기로 약속했습니다.

Model Answer

경험을 한 때 **A few months ago, I was at** a café doing some work. 당시의 상황 After a while, **I noticed** a woman across the room because she continued to stare at me. A few moments later, **I realized that** she looked very familiar. 일어난 사건 **It turned out that** we were in the same class in high school! We **left the café** and **had lunch together**. We talked for five hours. 사건의 결말 Before parting, **we exchanged numbers** and **promised to keep in touch**.

해석
저는 몇 달 전에 카페에서 일을 하고 있었습니다. 잠시 후, 어떤 여자가 저를 계속 응시하고 있어서 그 여자를 의식하게 되었습니다. 조금 뒤에는 그 여자의 낯이 익다는 걸 깨달았습니다. 알고 보니 우리는 고등학교 때 같은 반이었습니다! 우리는 카페에서 나와 점심을 같이 먹었습니다. 5시간 동안 이야기를 나누었습니다. 우리는 헤어지기 전에 전화번호를 교환하고 연락하기로 약속했습니다.

Level-Up!

한국인의 말하기 취약점 분석

부사의 정확한 위치

OPIc에서는 다양한 문형을 통해 풍성한 정보를 담아 대답을 하는 것이 등급 획득에 유리합니다. 형용사나 부사를 사용하면 단순한 정보에 감정이나 느낌을 더 많이 불어넣어 줄 수 있습니다. 하지만 부사의 경우에는 위치에 따라서 전달하려는 의미나 느낌이 달라질 수 있기 때문에 유의해서 말해야 합니다. 일반적으로는 수식하는 말의 앞이나 뒤에 넣어서 말하지만 빈도나 정도를 나타내는 부사는 동사의 종류에 따라서 위치가 달라지고, 시간을 나타내는 부사는 문장의 맨 앞이나 뒤에 넣어서 말합니다.

- **일반적인 부사** (수식하는 말의 앞이나 뒤)

    The board game is **very** interesting.
    그 보드 게임은 정말 흥미롭다.

    She drives **carefully**.
    그녀는 항상 조심스럽게 운전한다.

- **빈도나 정도를 나타내는 부사** (be동사, 일반동사)

    He is **always** honest with his wife.
    그는 아내에게 항상 솔직하다.

    Kelly talked **loudly** on the phone.
    켈리는 큰소리로 통화했다.

- **시간을 나타내는 부사** (문장 앞이나 뒤)

    Yesterday I went shopping with my sister.
    나는 어제 여동생과 함께 쇼핑을 갔다.

    The exchange rate of Korean won to US dollar will go up **tomorrow**.
    달러 대비 원화 환율은 내일 올라갈 것이다.

Chapter 12 | 해외 여행

'휴가/출장'이란 주제를 선택했을 경우, 첫 번째는 여행하기 좋아하는 곳에 대한 질문으로써 그곳이 왜 좋은지, 어떤 곳인지를 묘사하는 문제가 출제됩니다. 두 번째는 예전에 갔던 여행지에 대해서 물어보는 질문으로 어디로 갔었는지, 언제, 누구와 갔었는지, 가서 무엇을 했었는지를 설명하는 문제가 나옵니다. 마지막으로, 여행을 하면서 예상치 못한 일이 발생한 적이 있는지, 그것이 언제, 어디였으며, 누구와 갔을 때 그런 일이 발생했는지, 혹은 무슨 일이 발생을 했는지 등에 대한 질문이 나올 수가 있습니다. '휴가/출장'에 대한 주제이므로 해외여행과 국내 여행에서 할 수 있는 활동들을 출장과도 함께 엮어서 준비하는 것도 좋은 전략입니다.

 해당 주제에서 세트로 출제 되는 문제 콤보를 확인해 보세요.  Ch12_Q1~3

Question 1

You indicated in the survey that you go on international trips. What is your favorite country to visit? Why do you like the country? When is the best time to go?

귀하는 설문조사에서 해외 여행을 간다고 했습니다. 방문하기 가장 좋아하는 나라는 어디인가요? 그 나라를 왜 좋아하나요? 방문하기 가장 좋은 때는 언제인가요?

Question 2

What was your first international travel destination? What was it like? What did you do there?

처음으로 갔던 해외 여행지는 어디인가요? 그곳은 어떤 모습이었나요? 그곳에서 무엇을 했나요?

Question 3

What was an unexpected experience during your overseas trip? When was it? What happened? How did you deal with the situation? Tell me in detail.

해외 여행을 하는 동안 예상치 못한 일이 있었나요? 언제였나요? 무슨 일이 있었나요? 그 상황을 어떻게 해결했나요? 자세히 이야기해주세요.

Q1 실전문제 연습하기

You indicated in the survey that you go on international trips. What is your favorite country to visit? Why do you like the country? When is the best time to go?

귀하는 설문조사에서 해외 여행을 간다고 했습니다. 방문하기 가장 좋아하는 나라는 어디인가요? 그 나라를 왜 좋아하나요? 방문하기 가장 좋은 때는 언제인가요?

● 자신의 답을 만들기 위해 아이디어를 적어 보세요.

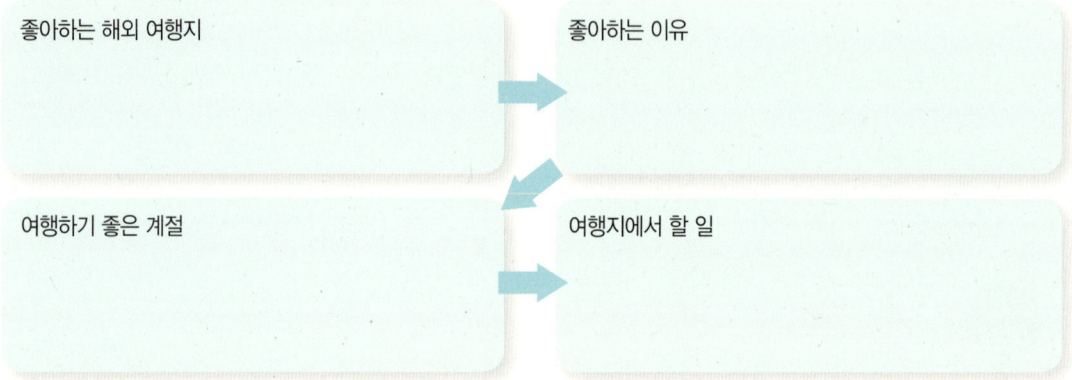

좋아하는 해외 여행지

좋아하는 이유

여행하기 좋은 계절

여행지에서 할 일

CORE EXPRESSIONS

좋아하는 해외 여행지

My favorite place/country to visit is ~ 내가 가장 방문하기 좋아하는 곳/나라는 ~이다
One of the countries I like to visit is ~ 내가 방문하고 싶은 나라 중 하나는 ~이다

좋아하는 이유

What I like the most about (나라) is ~ 내가 (나라)에 대해 가장 좋아하는 것은 ~이다
The best part about (나라) is ~ (나라)의 가장 좋은 점은 ~이다   There are ~ ~가 있다

여행하기 좋은 계절

The best time/season to visit ~ ~를 방문하기 가장 좋은 때/계절
The best time of year to visit ~ 일년 중 ~를 가장 방문하기 좋은 때

여행지에서 할 일

visit the tourist attractions 관광지를 방문하다   eat the local food 지역 음식을 먹다
go to the highest point in the city/town 도시/마을에서 가장 높은 지점을 가다

Point Up!

- 좋아하는 해외 여행지

  My favorite travel destination is Hong Kong.

  제가 가장 좋아하는 여행지는 홍콩입니다.

- 좋아하는 이유

  Hong Kong is such **an interesting country with** both eastern and western influences.

  홍콩은 동양과 서양의 영향을 모두 받은 매우 흥미로운 나라입니다.

- 여행하기 좋은 계절

  The best times to visit Hong Kong **would be in** spring or autumn.

  홍콩을 방문하기 가장 좋은 때는 봄이나 가을입니다.

- 여행지에서 할 일

  When touring the country, **make sure to eat** a lot of local food **and visit** the markets.

Model Answer

좋아하는 해외 여행지 **My favorite travel destination is** Hong Kong. Since it's close to Korea, I have already visited the country five times. 좋아하는 이유 Hong Kong is such **an interesting country with** both eastern and western influences. 여행하기 좋은 계절 **The best times to visit** Hong Kong **would be** in spring or autumn. 여행지에서 할 일 When touring the country, **make sure to eat** a lot of local food **and visit** the markets. Also, **tour** some famous landmarks like Victoria Peak.

해석

제가 가장 좋아하는 여행지는 홍콩입니다. 한국과 가까워서 저는 벌써 다섯 번 다녀왔습니다. 홍콩은 동양과 서양의 영향을 모두 받은 매우 흥미로운 나라입니다. 홍콩을 방문하기 가장 좋은 때는 봄이나 가을입니다. 홍콩 여행을 할 때는 꼭 현지 음식을 많이 먹고, 시장도 가보세요. 그리고 빅토리아 피크 같은 유명한 장소도 둘러보세요.

Q2 실전문제 연습하기

What was your first international travel destination? What was it like? What did you do there?

처음으로 갔던 해외 여행지는 어디인가요? 그곳은 어떤 모습이었나요? 그곳에서 무엇을 했나요?

● 자신의 답을 만들기 위해 아이디어를 적어 보세요.

첫 해외 여행지

함께 간 사람

여행지의 모습

여행지에서 한 일

CORE EXPRESSIONS

첫 해외 여행지
My first overseas trip is to ~ 나의 첫 해외여행지는 ~이다
make one's trip abroad to ~ ~로 해외여행을 하다

함께 간 사람
go with ~ ~와 함께 가다   ~ and I go together ~와 나는 함께 가다

여행지의 모습
The buildings/streets are ~ 건물/거리가 ~하다   The island/river is ~ 섬/강이 ~하다
The people at/in/on ~ are ~ ~에 있는 사람들은 ~하다
crowded 붐비는   narrow 좁은   archaic 고풍의   modern 현대적인
traditional 전통적인   beautiful 아름다운   friendly 친절한   polite 예의바른

여행지에서 한 일
tour the city 도시를 관광하다   spend time at the pool 풀장에서 시간을 보내다
visit the tourist attractions 관광지를 방문하다   go to see a performance 공연을 보러가다

Point Up!

- 첫 해외 여행지

  My first international vacation was to Phuket, Thailand.
  제가 처음으로 갔던 해외 휴양지는 태국의 푸껫입니다.

- 함께 간 사람

  I went with my family during winter to unwind by the beach.
  겨울 동안 해변에서 쉬려고 가족들과 함께 갔습니다.

- 여행지의 모습

  The island was so beautiful and peaceful.
  그 섬은 정말 아름답고 평화로웠습니다.

- 여행지에서 한 일

  My family and I spent most of our time by the beach.
  가족들과 저는 대부분의 시간을 바닷가에서 보냈습니다.

Model Answer (남자)

[첫 해외 여행지] **My first international vacation was to** Phuket, Thailand. [함께 간 사람] **I went with** my family during winter to unwind by the beach. [여행지의 모습] **The island was** so beautiful and peaceful. Nothing was rushed or hurried. And I never knew the water could be so blue and clear. [여행지에서 한 일] **My family and I spent most of our time** by the beach. Also, we had Thai food every day. They were some of the best meals I've had.

해석

제가 처음으로 갔던 해외 휴양지는 태국의 푸껫입니다. 겨울 동안 해변에서 쉬려고 가족들과 함께 갔습니다. 푸껫은 정말 아름답고 평화로웠습니다. 복잡한 것도, 급할 것도 없었습니다. 바닷물이 그렇게 푸르고 투명할 수 있는지도 몰랐습니다. 가족들과 저는 대부분의 시간을 바닷가에서 보냈습니다. 그리고 매일 태국 음식을 먹었습니다. 그 음식들은 제가 먹어본 최고의 음식들이었습니다.

Q3 실전문제 연습하기

What was an unexpected experience during your overseas trip? When was it? What happened? How did you deal with the situation? Tell me in detail.

해외 여행을 하는 동안 예상치 못한 일이 있었나요? 언제였나요? 무슨 일이 있었나요? 그 상황을 어떻게 해결했나요? 자세히 이야기해주세요.

● 자신의 답을 만들기 위해 아이디어를 적어 보세요.

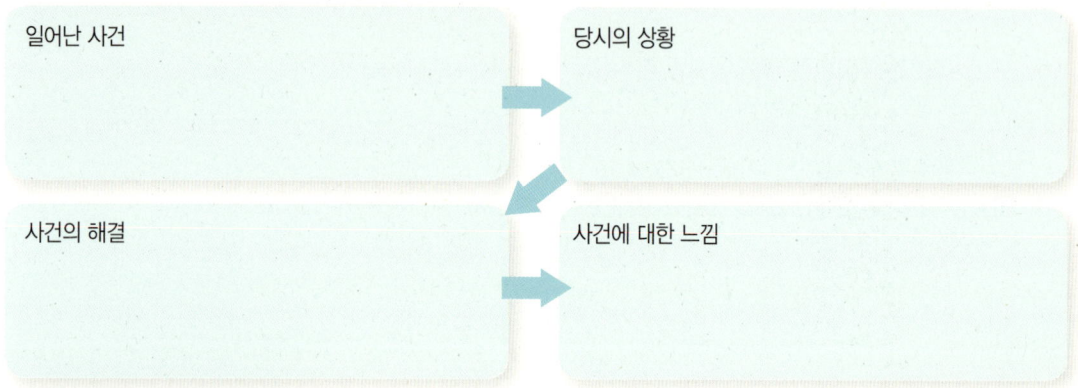

일어난 사건 → 당시의 상황 → 사건에 대한 느낌 → 사건의 해결

CORE EXPRESSIONS

일어난 사건

- lose 잃어버리다
- rip off 바가지 쓰다
- be pickpocketed 소매치기 당하다
- forget to bring ~ ~을 가져오는 걸 잊다
- get on the wrong bus/subway 버스/전철을 잘못 타다
- get lost 길을 잃다

당시의 상황

- can't find 찾을 수 없다
- start searching 뒤지기 시작하다
- panic 당황하다
- ask for directions 길을 묻다

사건의 해결

- rush back to ~ ~로 서둘러 돌아가다
- retrieve 되찾다
- catch the right bus/subway 버스/전철을 맞게 타다
- ask a desk clerk 데스크 직원에게 묻다
- report ~ to the police ~을 경찰에 신고하다

사건에 대한 느낌

- promise oneself that ~ ~라고 다짐하다
- regret ~ing ~한 것을 후회하다
- feel relieved 안심하다
- learn a good lesson 좋은 교훈을 얻다

Point Up!

- 일어난 사건
  During my vacation to Japan last year, I thought I had **lost** my passport.
  작년 일본에서의 휴가 기간 동안 저는 여권을 잃어버린 줄 알았습니다.

- 당시의 상황
  After arriving at the hotel to check in, **I could not find** my passport anywhere!
  호텔에 도착해서 체크인 하려고 하는데, 여권을 어디에서도 찾을 수가 없었습니다!

- 사건의 해결
  Right then, a hotel employee ran up to me holding my passport.
  바로 그때, 호텔 직원이 제 여권을 들고 달려왔습니다.

- 사건에 대한 느낌
  I **thanked** the employee and **promised myself that** I would be much more careful.
  그 직원에게 감사하다고 하고 앞으로 더 조심하겠다고 스스로 다짐했습니다.

Model Answer

[일어난 사건] During my vacation to Japan last year, I thought I had **lost** my passport. [당시의 상황] After arriving at the hotel to check in, I **could not find** my passport anywhere! I panicked and started searching my entire luggage. I took everything out of my bag and suitcase. [사건의 해결] **Right then**, a hotel employee ran up to me holding my passport. I had left it in the hotel restroom! [사건에 대한 느낌] I **thanked** the employee and **promised myself that** I would be much more careful.

[해석]
작년 일본에서의 휴가 기간 동안 저는 여권을 잃어버린 줄 알았습니다. 호텔에 도착해서 체크인 하려고 하는데, 여권을 어디에서도 찾을 수가 없었습니다! 저는 너무 당황스러워서 짐을 다 뒤지기 시작했습니다. 손가방과 여행가방에서 물건을 전부 다 꺼냈습니다. 바로 그때, 호텔 직원이 제 여권을 들고 달려왔습니다. 제가 호텔 화장실에 여권을 두고 왔던 것입니다! 그 직원에게 감사하다고 하고 앞으로 더 조심하겠다고 스스로 다짐했습니다.

Level-Up! 한국인의 말하기 취약점 분석

정확한 시제 표현 사용하기

한국인 학습자가 가장 어려워 하는 부분이 정확한 시제의 사용입니다. 이것을 반영하듯이 OPIc에서도 시제의 정확한 사용을 IM, IH, AL까지도 중요하게 보고 있습니다. 단순 시제도 정확하게 사용해야 하지만 특히 완료시제 형태를 정확하게 사용하면 추가로 점수를 얻을 수 있을 뿐 아니라 IH이상의 레벨도 기대할 수 있습니다. 과거완료는 과거의 어느 한 시점을 기준으로 그 이전까지의 동작이나 상태를 말하고, 현재완료는 현재시점을 기준으로 현재까지의 동작이나 상태, 미래완료는 미래의 한 시점을 기준으로 그때까지의 동작이나 상태를 말합니다. 예문을 통해 말로 할 수 있도록 연습해 보세요.

● 과거완료

The musical **had** already **begun** when Tony arrived at the theater.
토니가 극장에 도착했을 때 뮤지컬은 이미 시작됐다.

I recognized him right away because I **had seen** him before.
전에 그를 본 적이 있어서 그를 바로 알아차렸다.

● 현재완료

Cindy **has** never **traveled** to any country in Asia.
Cindy는 아시아 국가로 여행을 가본 적이 없다.

I **have worked** for this company for three years.
나는 이 회사에서 3년 동안 일해왔다.

● 미래완료

You **will have been** in Korea for five years next month.
당신은 다음 달이면 한국에 5년 동안 있는 셈이 될 것이다.

We **will have finished** this project by next Friday.
다음 주 금요일까지는 우리가 이 프로젝트를 끝마쳤을 것이다.

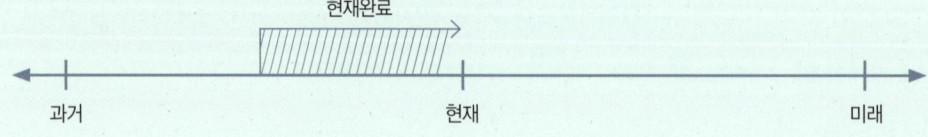

Chapter 13 | 여행사

롤플레이 문제는 어떠한 상황을 주고 그 상황에 맞게 주어진 역할의 입장에서 답변하는 방식의 문제입니다. 주로 시험 후반부에 출제되며 상대방에게 서너 가지 질문을 하도록 요구하거나 발생한 상황에 대해 대안을 제시하여 대처해보라는 식의 질문을 합니다. 특히, 전화상으로 역할을 해야 하는 경우에는 전화 대화처럼 말해야 하므로 이러한 점에 유의해서 말해야 합니다. 또한 자신이 경험해보지 못한 일이라고 하더라도 상상력을 동원해서 실질적인 이유나 대안을 생각해내야 하므로 순발력과 재치가 필요한 문제입니다.

 해당 주제에서 세트로 출제 되는 문제 콤보를 확인해 보세요.  Ch13_Q1~3

Question 1

I'm going to give you a situation and ask you to act it out. You are planning an overseas vacation. Call a travel agency and ask three or four questions about a tour package you're interested in.

상황을 드릴 테니 상황에 맞게 연기해주세요. 귀하는 해외에서 휴가를 보내려고 계획하고 있습니다. 여행사에 전화를 걸어 관심 있는 여행 상품에 대해 서너 가지 질문을 해주세요.

Question 2

I'm sorry, but there's a problem you need to solve. You planned a package trip with your friend, but the travel agency called to tell you that the departure date has been postponed. Call your friend, explain the situation, and offer two or three alternatives.

미안하지만 귀하가 해결해야 할 문제가 있습니다. 귀하는 친구와 함께 패키지 여행을 계획했는데, 여행사에서 전화를 걸어와 출발 날짜가 지연됐다고 했습니다. 친구에게 전화를 걸어 상황을 설명하고 두세 가지 대안을 제시하세요.

Question 3

This is the end of the situation. Have you had any problems or difficulties arranging a trip with a travel agency? When was it? What happened and why was it so difficult? Tell me in detail.

상황이 끝났습니다. 여행사를 통해 여행 준비를 하면서 문제나 어려움을 겪은 적이 있나요? 언제였나요? 무슨 일이 있었고, 왜 그렇게 어려움을 겪었나요? 자세히 이야기해주세요.

Q1 실전문제 연습하기

I'm going to give you a situation and ask you to act it out. You are planning an overseas vacation. Call a travel agency and ask three or four questions about a tour package you're interested in.

상황을 드릴 테니 상황에 맞게 연기해주세요. 귀하는 해외에서 휴가를 보내려고 계획하고 있습니다. 여행사에 전화를 걸어 관심 있는 여행 상품에 대해 서너 가지 질문을 해주세요.

● 자신의 답을 만들기 위해 아이디어를 적어 보세요.

첫인사와 전화를 건 이유	기간에 대한 질문
가격에 대한 질문	숙소에 대한 질문
끝 인사	

CORE EXPRESSIONS

첫인사와 전화를 건 이유

Hi, I'm calling about ~ 안녕하세요, ~에 관해 전화했습니다
Hello, I'm calling to inquire about ~ 안녕하세요, ~에 관해 문의하려고 전화했습니다
Hello, I have a few questions about ~ 안녕하세요, ~에 관해 몇 가지 질문이 있습니다

기간에 대한 질문

How long is the travel package to ~? ~여행 상품의 기간이 어떻게 되나요?
How many days is ~? ~는 며칠인가요?

가격에 대한 질문

What's the total package price? 패키지 총가격이 어떻게 되나요?
What's included in ~? ~에 무엇이 포함되었나요?   Is it the price for two? 두 사람 가격인가요?

숙소에 대한 질문

Can you tell me what hotel/resort it is? 무슨 호텔/리조트인지 알려주시겠어요?
Can I change the hotel/resort/accommodations? 호텔/리조트/숙소 변경이 가능한가요?
Can you tell me about the accommodations? 숙소에 대해 말씀해주시겠어요?

끝 인사

Thanks. You've been a great help. 감사해요. 도움이 많이 됐어요.
Thank you very much. I'll call you back if ~ 정말 감사합니다. ~하면 다시 전화 드릴게요.

Point Up!

- 첫인사와 전화를 건 이유

  Good morning, I'm calling regarding a tour package to Osaka, Japan.
  안녕하세요, 저는 일본 오사카 여행 상품에 대해 문의 드리려고 전화했습니다.

- 기간에 대한 질문

  Could you please tell me **the length of the tour**?
  여행 기간에 대해 말씀해주시겠어요?

- 가격에 대한 질문

  What about **the total package price**?
  여행 상품 가격은 총 얼마인가요?

- 숙소에 대한 질문

  Could you tell me **the name and location of the hotel**?
  호텔의 이름과 위치를 말씀해주시겠어요?

- 끝 인사

  Thank you, I'll call back if I have any other questions.
  감사합니다, 다른 질문이 있으면 다시 전화 드릴게요.

Model Answer

[첫인사와 전화를 건 이유] **Good morning, I'm calling regarding** a tour package to Osaka, Japan. [기간에 대한 질문] Could you please tell me **the length of the tour**? [가격에 대한 질문] What about **the total package price**? Does this price include meals? I see, yes, the price seems reasonable since it includes all three meals. [숙소에 대한 질문] Also, could you tell me **the name and location of the hotel**? [끝 인사] **Thank you, I'll call back if** I have any other questions.

[해석]
안녕하세요, 저는 일본 오사카 여행 상품에 대해 문의 드리려고 전화했습니다. 여행 기간에 대해 말씀해주시겠어요? 여행 상품 가격은 총 얼마인가요? 이 가격에 조식이 포함되나요? 알겠습니다, 네, 이 가격에 세 끼가 모두 포함된다니 가격이 합리적인 것 같습니다. 호텔의 이름과 위치도 말씀해주시겠어요? 감사합니다, 다른 질문이 있으면 다시 전화 드릴게요.

Q2 실전문제 연습하기

I'm sorry, but there's a problem you need to solve. You planned a package trip with your friend, but the travel agency called to tell you that the departure date has been postponed. Call your friend, explain the situation, and offer two or three alternatives.

미안하지만 귀하가 해결해야 할 문제가 있습니다. 귀하는 친구와 함께 패키지 여행을 계획했는데, 여행사에서 전화를 걸어와 출발 날짜가 지연됐다고 했습니다. 친구에게 전화를 걸어 상황을 설명하고 두세 가지 대안을 제시하세요.

● 자신의 답을 만들기 위해 아이디어를 적어 보세요.

| 첫인사 | → | 상황 설명 |
| 첫 번째 대안 | ← | 두 번째 |
| 끝 인사 |

CORE EXPRESSIONS

첫인사
Hi, I just called to talk about ~ 안녕, ~에 대해 얘기하려고 전화했어
Hi, we need to talk about ~ 안녕, 우리 ~에 대해 얘기 좀 해야겠어

상황 설명
get delayed 지연되다
have a problem with ~ ~에 문제가 있다
be rescheduled 일정이 조정되다
~ have been changed ~가 변경되다

첫 번째 대안
just wait 그냥 기다리다
reschedule 일정을 조정하다
change the vacation dates 휴가 날짜를 변경하다

두 번째
cancel 취소하다
plan another trip 다른 여행을 계획하다
claim a refund 환불을 요청하다
search for ~ ~을 찾다

끝 인사
If you have a better idea, let me know. Bye. 더 좋은 생각이 있으면 알려줘. 잘 있어.
Tell me what you think. Bye. 넌 어떻게 생각하는지 알려줘. 잘 있어.

Point Up!

- **첫인사**

  <u>Hi</u> Nick, <u>I'm calling to</u> talk to you about a problem.
  안녕 닉, 문제가 있어서 말하려고 전화했어.

- **상황 설명**

  Just now, the travel agency <u>called</u> me and <u>said it has been pushed back</u> for three days.
  방금 여행사에서 전화가 왔는데 3일이 늦춰졌대.

- **첫 번째 대안**

  We can <u>wait and still go on</u> the trip.
  기다렸다가 그대로 여행을 가도 돼.

- **두 번째**

  Or, we can <u>cancel</u> the trip, <u>receive</u> a refund, and <u>look for</u> another trip.
  아니면, 여행을 취소하고 환불 받은 뒤에 다른 여행을 알아봐도 돼.

- **끝 인사**

  Think about it and <u>let me know</u> your thoughts.
  생각해보고 의견 알려줘.

Model Answer

 Ch13_A02

[첫인사] <u>Hi</u> Nick, <u>I'm calling to</u> talk to you about a problem. **[상황 설명]** Our trip **got delayed**! Just now, the travel agency <u>called</u> me and <u>said it has been pushed back</u> for three days. What would you like to do? **[첫 번째 대안]** We can <u>wait and still go on</u> the trip. **[두 번째]** Or, we can <u>cancel</u> the trip, <u>receive</u> a refund, and <u>look for</u> another trip. **[끝 인사]** Think about it and <u>let me know</u> your thoughts.

해석

안녕 닉, 문제가 있어서 말하려고 전화했어. 우리 여행 날짜가 미뤄졌어! 방금 여행사에서 전화가 왔는데 3일이 늦춰졌대. 어떻게 하고 싶어? 기다렸다가 그대로 여행을 가도 되고. 아니면, 여행을 취소하고 환불 받은 뒤에 다른 여행을 알아봐도 되고. 생각해보고 의견 알려줘.

Q3 실전문제 연습하기

This is the end of the stiuation. Have you had any problems or difficulties arranging a trip with a travel agency? When was it? What happened and why was it so difficult? Tell me in detail.

상황이 끝났습니다. 여행사를 통해 여행 준비를 하면서 문제나 어려움을 겪은 적이 있나요? 언제였나요? 무슨 일이 있었고, 왜 그렇게 어려움을 겪었나요? 자세히 이야기해주세요.

● 자신의 답을 만들기 위해 아이디어를 적어 보세요.

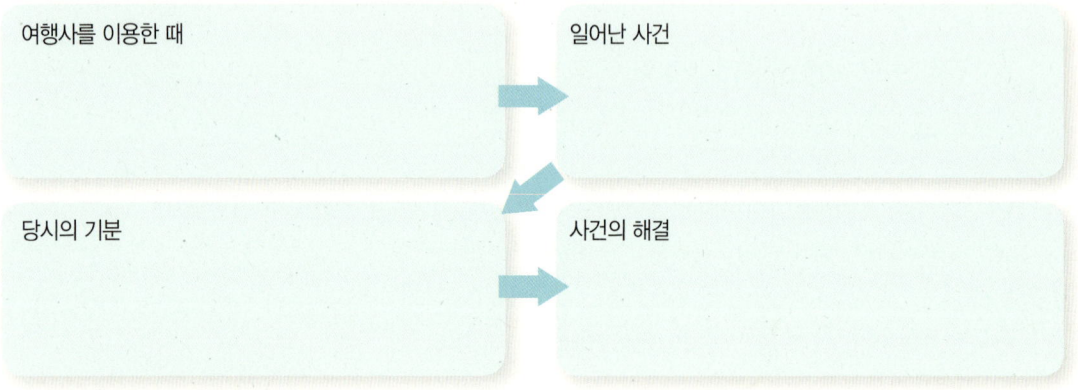

| 여행사를 이용한 때 | → | 일어난 사건 |
| 당시의 기분 | ← | 사건의 해결 |

CORE EXPRESSIONS

여행사를 이용한 때
last year 작년에 last summer 지난 여름에 a year ago 일년 전에
a few years ago 몇 년 전에

일어난 사건
have a problem with ~ ~에 문제가 있다   have technical difficulties 기술적 어려움이 있다
overbook 정원을 초과하여 예약하다   be not enough people booked 예약자가 차지 않다

당시의 기분
angry 화난   furious 격노한   stunned 어이없는
cheated 속은   outraged 격분한   be lost for words 할말을 잃은

사건의 해결
agree to ~ ~하기로 동의하다   offer a better deal 더 좋은 상품을 제시하다
give ~ a discount ~에게 할인해주다   give ~ a better price ~에게 더 좋은 가격으로 해주다

Point Up!

- 여행사를 이용한 때
  Three years ago, I arranged a surprise vacation for my parents.
  저는 3년 전에 부모님을 위해 깜짝 휴가를 준비했습니다.

- 일어난 사건
  Five days later, **the agency called** me and said there was a problem.
  5일 뒤에, 여행사에서 전화가 왔는데 문제가 있다고 했습니다.

- 당시의 기분
  I **became upset** since my original booking was for two people.
  저는 원래 두 자리를 예약했기 때문에 화가 났습니다.

- 사건의 해결
  After arguing for an hour, the travel agent **agreed to** make an extra spot.
  한 시간 동안 논쟁을 벌인 뒤, 여행사에서 한 자리를 더 마련해주겠다고 합의했습니다.

Model Answer

여행사를 이용한 때 **Three years ago**, I arranged a surprise vacation for my parents. **I booked a tour package to** Italy through a travel agency. 일어난 사건 Five days later, **the agency called** me and said there was a problem. **Only one spot was available for** the tour. 당시의 기분 I **became upset** since my original booking was for two people. 사건의 해결 After arguing for an hour, the travel agent **agreed to** make an extra spot. However, the agency never apologized for its mistake.

해석
저는 3년 전에 부모님을 위해 깜짝 휴가를 준비했습니다. 여행사를 통해 이탈리아 여행 상품을 예약했습니다. 5일 뒤에, 여행사에서 전화가 왔는데 문제가 있다고 했습니다. 그 상품은 한 자리 밖에 없다는 것입니다. 저는 원래 두 자리를 예약했기 때문에 화가 났습니다. 한 시간 동안 논쟁을 벌인 뒤, 여행사에서 한 자리를 더 마련해주겠다고 합의했습니다. 하지만 그 여행사는 실수에 대해 절대 사과하지 않았습니다.

Level-Up! 한국인의 말하기 취약점 분석

상황에 맞는 표현 선택해서 말하기

상황을 주고 그 상황에 맞도록 과제를 수행하라고 하는 질문이 롤플레이 질문들입니다. 이때 상점, 여행사 등에 전화를 걸어 질문을 해보라는 상황이 자주 등장하는데 주어진 상황과 자신이 이야기하려는 상황에 따라 적절한 표현으로 질문하는 것이 좋습니다.

● 전화 통화

Hi, I'm calling about some vacation packages to Thailand.
안녕하세요, 태국 휴가 상품 관련해서 전화했습니다

Thank you very much. I'll call you back if have more questions.
정말 감사합니다. 질문이 더 있으면 다시 전화 드리겠습니다.

● 문의 또는 상황 설명

Can you tell me which hotel we're going to stay at?
우리가 어떤 호텔에서 묵게 될지 말씀해주시겠어요?

Our trip has been cancelled due to not enough people booking the trip.
여행을 예약한 사람이 모자라서 우리 여행이 취소됐습니다.

● 해결책 및 결말

The travel agent offered me a great discount for their mistake.
여행사 직원은 실수한 것 때문에 할인을 많이 해주었다.

We have decided to plan another trip in the same area.
우리는 같은 지역의 다른 여행을 계획하기로 결정했다.

Chapter 14 | 질문하기

Rloe-play 문제는 상황을 주고 그 상황에 맞게 연기를 해보라는 문제와 Ava에게 서너 가지 질문을 한번 해보라는 두 가지 유형으로 주로 많이 출제가 됩니다. 많은 응시자들이 Self Assessment에서 난이도를 3 또는 4를 선택하는 경향이 있는데 이럴 때 Ava에게 질문하는 유형이 항상 15번에서 나오게 됩니다. '나는 무엇을 좋아하니까 나한테 이것과 관련하여 서너 가지 질문을 해봐'라는 식으로 출제가 됩니다. 그런데 말 그대로 Role-play를 해야 하기 때문에 연기하듯 말을 해야 합니다. 많은 학습자들이 상당히 어색하는 부분이므로 익숙해질 때까지 많은 연습이 필요합니다.

 해당 주제에서 세트로 출제 되는 문제 콤보를 확인해 보세요.  Ch14_Q1~3

Question 1

I also like traveling. Ask me three or four questions about a city or a country I've been to.
저도 여행을 좋아합니다. 제가 가본 도시나 나라에 대해 서너 가지 질문을 해주세요.

Question 2

I also like watching TV. Ask me three or four questions about TV programs I enjoy watching.
저도 TV 보는 것을 좋아합니다. 제가 즐겨보는 TV 프로그램에 대해 서너 가지 질문을 하세요.

Question 3

I'm meeting up with a friend. Ask me three or four questions about the place where we'll meet.
저는 친구를 만날 예정입니다. 우리가 만날 장소에 대해 서너 가지 질문을 하세요.

Q1 실전문제 연습하기

I also like traveling. Ask me three or four questions about a city or a country I've been to.

저도 여행을 좋아합니다. 제가 가 본 도시나 나라에 대해 서너 가지 질문을 해주세요.

● 자신의 답을 만들기 위해 아이디어를 적어 보세요.

첫인사	가장 좋았던 여행지는 어디인지
언제 누구와 함께 갔는지	여행 기간 동안 무엇을 했는지
끝 인사	

CORE EXPRESSIONS

첫인사

Hi, I heard that ~ 안녕, ~했다는 얘기를 들었어
Hello, I'm glad to hear that ~ 안녕, ~라고 하니 기뻐

가장 좋았던 여행지는 어디인지

Which city did you like the most? 가장 좋았던 도시는 어디야?
Which city is your favorite? 가장 좋아하는 도시는 어디야?
Where is the best place to visit? 방문하기 가장 좋은 곳이 어디야?

언제 누구와 함께 갔는지

When and with whom did you go there? 언제 그리고 누구하고 거기에 갔니?
Who did you go with? 누구하고 함께 갔니?

여행 기간 동안 무엇을 했는지

What did you do there during the trip? 여행하는 동안 무엇을 했니?
Did you do something special while you were there? 거기 있는 동안 특별히 뭐가를 했니?

끝 인사

Thank you for telling me your story. 네 얘기를 해줘서 고마워.
It was really fun talking to you. Bye. 너랑 얘기해서 재미있었어. 잘 있어.

Point Up!

- **첫인사**

  <u>**Hi, I heard**</u> you just came back from another trip.
  안녕, 네가 새로운 여행에서 막 돌아왔다는 얘기를 들었어.

- **가장 좋았던 여행지는 어디인지**

  <u>**Which country is your favorite**</u> out of all the places you've been to?
  네가 가 본 모든 곳 중에 가장 좋아하는 나라는 어디야?

- **언제 누구와 함께 갔는지**

  <u>**Did you go with**</u> your family or friends?
  가족이나 친구랑 같이 갔어?

- **여행 기간 동안 무엇을 했는지**

  <u>**What did you do**</u> while you were there?
  거기 있는 동안 뭐했어?

- **끝 인사**

  <u>**Thank you for**</u> sharing your story with me.
  나한테 이야기를 들려줘서 고마워.

Model Answer (남자)

Ch14_A01

〔첫인사〕 <u>**Hi, I heard**</u> you just came back from another trip. You seem to be always travelling! 〔가장 좋았던 여행지는 어디인지〕 <u>**Which country is your favorite**</u> out of all the places you've been to? Spain! I'm planning to visit Spain next month. 〔언제 누구와 함께 갔는지〕 <u>**Did you go with**</u> your family or friends? 〔여행 기간 동안 무엇을 했는지〕 <u>**What did you do**</u> while you were there? Wow, that sounds fun! 〔끝 인사〕 <u>**Thank you for**</u> sharing your story with me.

〔해석〕
안녕, 네가 새로운 여행에서 막 돌아왔다는 얘기를 들었어. 넌 항상 여행을 다니고 있는 것 같아! 네가 가 본 모든 곳 중에 가장 좋아하는 나라는 어디야? 스페인! 나도 다음 달에 스페인에 가려고 계획 중인데. 가족이나 친구랑 같이 갔어? 거기 있는 동안 뭐했어? 우와, 재미있을 것 같다! 나한테 이야기를 들려줘서 고마워.

Q2 실전문제 연습하기

I also like watching TV. Ask me three or four questions about TV programs I enjoy watching.
저도 TV 보는 것을 좋아합니다. 제가 즐겨보는 TV 프로그램에 대해 서너 가지 질문을 하세요.

● 자신의 답을 만들기 위해 아이디어를 적어 보세요.

첫인사	어떤 프로를 좋아하는지
얼마나 자주 보는지	어떤 출연자를 좋아하는지
끝 인사	

CORE EXPRESSIONS

첫인사
Hi, I heard that ~ 안녕, ~했다는 얘기를 들었어
Hello, I'm glad to hear that ~ 안녕, ~라고 하니 기뻐

어떤 프로를 좋아하는지
What's your favorite TV show? 네가 가장 좋아하는 TV 프로그램은 뭐야?
What kind of genre do you like? 어떤 장르를 좋아해?

얼마나 자주 보는지
How often do you watch TV? 얼마나 자주 TV를 보니?
Do you watch TV often? TV를 자주 보니?
Do you watch every episode of it? 모든 회차를 빠뜨리지 않고 보니?

어떤 출연자를 좋아하는지
Who is your favorite character? 가장 좋아하는 역이 누구야?
Which actor/actress do you like the most? 가장 좋아하는 배우는 누구야?

끝 인사
Thanks for ~ ~해줘서 고마워
Thank you. I'll watch it. 고마워. 그것 내가 볼게.

Point Up!

- 첫인사

    Hi, Sue. **I heard** you like watching TV.
    안녕, 수. 네가 TV 보는 걸 좋아한다고 들었어.

- 어떤 프로를 좋아하는지

    What's your favorite show?
    네가 가장 좋아하는 프로는 뭐야?

- 얼마나 자주 보는지

    Have you seen all of the seasons?
    그 프로 회차 별로 다 봤니?

- 어떤 출연자를 좋아하는지

    Who is your favorite character in the show?
    그 프로에서 가장 좋아하는 출연자는 누구야?

- 끝 인사

    Thanks for the recommendation!
    추천해줘서 고마워!

Model Answer

Ch14_A02

[첫인사] **Hi**, Sue. **I heard** you like watching TV. [어떤 프로를 좋아하는지] I'm a big fan of "Dark Night." **What's your favorite show?** Ah, I heard some amazing things about that show. I have not watched it yet, though. [얼마나 자주 보는지] **Have you seen** all of the seasons? [어떤 출연자를 좋아하는지] **Who is your favorite character** in the show? I'll definitely have to watch it sometime. [끝 인사] **Thanks for** the recommendation!

[해석]
안녕, 수. 네가 TV 보는 걸 좋아한다고 들었어. 나는 '다크 나이트' 팬이야. 네가 가장 좋아하는 프로는 뭐야? 아, 그 프로에 대해 좋은 얘기를 들었어. 난 아직 보지는 못했지만 말이야. 그 프로 회차 별로 다 봤니? 그 프로에서 가장 좋아하는 출연자는 누구야? 나도 언젠가는 꼭 봐야겠다. 추천해줘서 고마워!

Q3 실전문제 연습하기

I'm meeting up with a friend. Ask me three or four questions about the place where we'll meet.
저는 친구를 만날 예정입니다. 우리가 만날 장소에 대해 서너 가지 질문을 하세요.

● 자신의 답을 만들기 위해 아이디어를 적어 보세요.

- 첫인사
- 약속 장소를 정했는지
- 예약을 할 것인지
- 어떻게 갈 것인지
- 끝 인사

CORE EXPRESSIONS

첫인사
Hey, I heard that ~ 안녕, ~했다는 얘기를 들었어
Hello, it's so nice that you meet ~ ~를 만난다니 정말 좋네.

약속 장소를 정했는지
Where are you going to meet? 어디에서 만날거야?
Have you decided where to meet? 어디서 만날지 정했어?
Have you two talked about where to meet? 어디서 만날지 얘기해봤어?

예약을 할 것인지
Are you going to make a reservation? 예약할거니?
Don't you need a reservation? 예약할 필요 없어?
Are you going to book the place? 만날 장소를 예약할거니?

어떻게 갈 것인지
How are you going to go there? 거기에 어떻게 갈거야?
Are you going to take the bus/subway? 버스/전철을 탈거야?
You'll have to drive a car to get there. 거기 가려면 차를 가지고 가야 할거야.

끝 인사
Have a great time. 즐거운 시간 보내.   Have fun. 재밌게 놀아.
Let me know how it goes. 만나서 어땠는지 알려줘.

Point Up!

- 첫인사

    <u>Hey</u> June, <u>I heard</u> you're meeting up with Tim soon.
    안녕 준. 네가 곧 팀을 만날 거란 얘길 들었어.

- 약속 장소를 정했는지

    <u>Have you decided on</u> where to meet?
    어디서 만날지 정했어?

- 예약을 할 것인지

    <u>Will you be making</u> a reservation?
    예약은 할거니?

- 어떻게 갈 것인지

    <u>How do you plan on</u> getting there?
    거기에 어떻게 갈 계획이야?

- 끝 인사

    <u>Let me know</u> how the dinner goes. <u>Enjoy!</u>
    저녁 식사 어땠는지 알려줘. 즐거운 시간 보내!

Model Answer

Ch14_A03

〔첫인사〕 **<u>Hey</u>** June, **<u>I heard</u>** you're meeting up with Tim soon. It has been six years since you saw him, right? I'm sure you will have so much to catch up on. 〔약속 장소를 정했는지〕 **<u>Have you decided on</u>** where to meet? Oh, that's a great restaurant! I heard it's very popular these days. 〔예약을 할 것인지〕 **<u>Will you be making</u>** a reservation? 〔어떻게 갈 것인지〕 Also, there's no parking space near the restaurant. **<u>How do you plan on</u>** getting there? 〔끝 인사〕 **<u>Let me know</u>** how the dinner goes. **<u>Enjoy!</u>**

해석

안녕 준, 네가 곧 팀을 만날 거란 얘길 들었어. 팀을 본지 6개월 됐지? 할 얘기가 정말 많겠다. 어디서 만날지 정했어? 와, 거기 진짜 좋은 식당인데! 요즘 거기 인기가 대단하다더라. 예약은 할거니? 그리고 그 식당 근처에는 주차장이 없어. 거기에 어떻게 갈 계획이야? 저녁 식사 어땠는지 알려줘. 즐거운 시간 보내!

Level-Up! 한국인의 말하기 취약점 분석

의문문 정확하게 만들기

15번 문제로 자주 나오는 AVA에게 질문하기 문제는 항상 Ask me three or four questions about~ 형태로 제시됩니다. 의문문을 정확히 만들 수 있고, 말할 때도 정확하게 묻는 것이 중요합니다. 평소에도 의문문의 문장 형태는 자주 사용하는 구문이기 때문에 연습을 통해서 정확하게 의문문을 만드는 것이 좋습니다. 의문문은 의문사를 이용해 물어보는 직접의문문이 있고, 직접의문문이 다른 문장 내에서 명사적 용법으로 쓰이는 간접의문문이 있습니다. 간접의문문에서는 의문사, 주어, 동사의 어순이 된다는 것이 큰 특징이며 이것에 유의하여 간접의문문을 정확하게 말하는 것이 중요합니다.

- **직접의문문**

    What kind of food **did you** have during the trip?
    여행하는 동안 어떤 종류의 음식을 먹었니?

    Who is your favorite singer?
    네가 가장 좋아하는 가수는 누구야?

- **의문사 포함한 간접의문문**

    Can you tell me **why you quit** your job?
    왜 직장을 그만뒀는지 얘기해줄래?

    Do you know **how long it will take** to write the report?
    보고서를 작성하는 데 얼마나 걸릴지 알아?

- **의문사 없는 간접의문문**

    Do you know **whether Ann is** coming to the party?
    Ann이 파티에 오는지 안오는지 알아?

    Could you tell me **if you rescheduled** my appointment?
    제 예약 일정을 다시 조정했는지 저에게 말씀해주시겠어요?

Chapter 15 | 날씨

OPIc Orientation에서 샘플 문제로 주어지는 질문이 주로 날씨를 묻는 것입니다. 그래서 How is the weather in your country? 이런 식으로 질문이 나오게 됩니다. 그런데 Orientation의 날씨 묻는 문제가 때로는 무작위(Random) 주제로 출제되기도 합니다. 이 경우 보통 우리나라의 전형적인 날씨에 대해 설명하거나 사계절의 각 계절에 대해 설명하라는 질문이 나오기도 합니다. 우리나라 사계절 특징에 대해 설명하는 것을 조금 어렵게 생각하실 수도 있을텐데요. 각 계절별 특징이나 이를 묘사할 때 필요한 형용사 등을 여러 가지 활동과 함께 미리 생각해보고 영어로 말해보는 연습을 하시면 충분히 답할 수 있는 문제입니다.

 해당 주제에서 세트로 출제 되는 문제 콤보를 확인해 보세요.  Ch15_Q1~3

Question 1

What is the weather like in your country? How many seasons does it have? What do people normally do during each season?

귀하가 살고 있는 나라의 날씨는 어떤가요? 몇 개의 계절이 있나요? 각 계절마다 사람들은 보통 무엇을 하나요?

Question 2

How is the weather in your country these days? What's the temperature difference between day and night? Do you like this weather? Why or why not?

요즘 귀하가 사는 나라의 날씨는 어떤가요? 낮과 밤의 일교차는 어떻게 되나요? 요즘 날씨를 좋아하나요? 왜 그런가요?

Question 3

Do you have any special memories related to a particular season? When was it? What happened and what made it so memorable? Give me as many details as possible.

계절과 관련된 어떤 특별한 추억이 있나요? 언제였나요? 무슨 일이 있었고, 왜 그렇게 기억에 남나요? 가능한 자세히 이야기해주세요.

Q1 실전문제 연습하기

What is the weather like in your country? How many seasons does it have? What do people normally do during each season?
귀하가 살고 있는 나라의 날씨는 어떤가요? 몇 개의 계절이 있나요? 각 계절마다 사람들은 보통 무엇을 하나요?

● 자신의 답을 만들기 위해 아이디어를 적어 보세요.

한국 날씨의 특징	→	한국의 계절
봄과 가을에 하는 활동	→	여름에 하는 활동
겨울에 하는 활동		

CORE EXPRESSIONS

한국 날씨의 특징

clear and dry 맑고 건조한
cool and breezy 시원하고 바람이 부는
hot and humid 덥고 후텁지근한
cold and windy 춥고 바람이 부는

한국의 계절

have four distinctive seasons 뚜렷한 사계절이 있다
Yellow dust is blown from ~ 황사가 ~에서 날아오다
The monsoon season starts in ~ 장마가 ~(월)에 시작하다
be hit by typhoons 태풍을 맞다

봄과 가을에 하는 활동

go to mountains and parks 산과 공원으로 가다
go to a cherry blossom festival 벚꽃축제에 가다
see fall foliage 가을 단풍을 보다

여름에 하는 활동

go to a water park 워터파크에 가다
do some water sports 수상 스포츠를 하다
go camping 캠핑을 가다
have a barbecue 바베큐를 하다
go to a beach/valley 해변/계곡가다

겨울에 하는 활동

go skiing/snowboarding/sledding/ice skating 스키/스노보드/썰매/스케이트를 타러 가다
have a snowball fight 눈싸움을 하다
bathe in a hot spring 온천욕을 하다
build a snowman 눈사람을 만들다
watch the snow fall 눈 떨어지는 모습을 구경하다

Point Up!

- **한국 날씨의 특징**

  <u>**Even though Korea is not a big country, the weather is**</u> quite different from region to region.

  한국은 면적이 큰 나라는 아니지만, 지역에 따라 날씨가 꽤 다릅니다.

- **한국의 계절**

  <u>**Korea has all four seasons**</u> throughout the year.

  한국에는 일년에 4개의 계절이 있습니다.

- **봄과 가을에 하는 활동**

  <u>**Many people**</u> go hiking or go on a picnic <u>**in spring and autumn**</u>.

  많은 사람들이 봄과 가을에 하이킹이나 소풍을 갑니다.

- **여름에 하는 활동**

  <u>**Summer is very hot, but it's the best time to**</u> go to beaches.

  여름은 무척 덥지만 바닷가에 가기에 가장 좋은 때입니다.

- **겨울에 하는 활동**

  <u>**During the winter, many people**</u> go to ski resorts to enjoy skiing or snowboarding.

  겨울 동안에는 많은 사람들이 스키장에 가서 스키나 스노보드를 즐깁니다.

 **Model Answer (남자)**　　　　　　　　　　 Ch15_A01

`한국 날씨의 특징` <u>**Even though Korea is not a big country, the weather is**</u> quite different from region to region. The north is cold and the south is relatively warm. `한국의 계절` <u>**Korea has all four seasons**</u> throughout the year. The weather in spring and autumn is mild. `봄과 가을에 하는 활동` <u>**Many people**</u> go hiking or have a picnic <u>**in these seasons**</u>. `여름에 하는 활동` <u>**Summer is very hot, but it's the best time to**</u> go to beaches. `겨울에 하는 활동` <u>**During the winter, many people**</u> go to ski resorts to enjoy skiing or snowboarding.

`해석`

한국은 면적이 큰 나라는 아니지만 지역에 따라 날씨가 꽤 다릅니다. 북쪽은 춥고 남쪽은 상대적으로 따뜻합니다. 한국에는 일년에 4개의 계절이 있습니다. 봄과 가을은 날씨가 온화합니다. 많은 사람들이 이 계절에 하이킹이나 소풍을 갑니다. 여름은 무척 덥지만 바닷가에 가기에 가장 좋은 때입니다. 겨울 동안에는 많은 사람들이 스키장에 가서 스키나 스노보드를 즐깁니다.

Q2 실전문제 연습하기

How is the weather in your country these days? What's the temperature difference between day and night? Do you like this weather? Why or why not?

요즘 귀하가 사는 나라의 날씨는 어떤가요? 낮과 밤의 일교차는 어떻게 되나요? 요즘 날씨를 좋아하나요? 왜 그런가요?

● 자신의 답을 만들기 위해 아이디어를 적어 보세요.

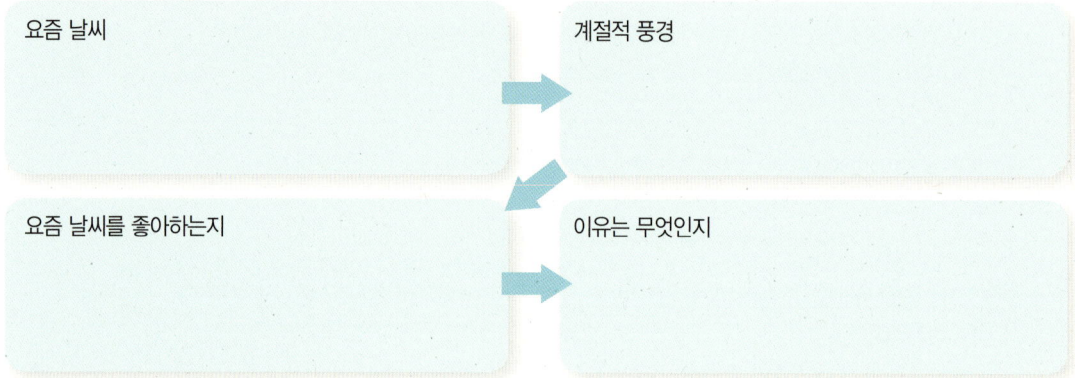

| 요즘 날씨 | 계절적 풍경 |
| 요즘 날씨를 좋아하는지 | 이유는 무엇인지 |

CORE EXPRESSIONS

요즘 날씨
extremely cold/hot 굉장히 추운/더운
warm/cool/mild/rainy 따뜻한/시원한/온화한/비가 오는
erratic 변덕스러운

계절적 풍경
be in full bloom 만개하다
be covered with snow 눈으로 덮여있다
change color 색이 변하다

요즘 날씨를 좋아하는지
love spring and fall 봄과 가을을 좋아하다
be one's favorite season ~가 가장 좋아하는 계절이다
I hate ~ 나는 ~을 싫어한다

이유는 무엇인지
I love ~ing 나는 ~하는 것을 정말 좋아하다
It's fun to ~ ~하는 것이 재밌다
I don't like ~ing ~하는 것을 좋아하지 않는다
It's uncomfortable to ~ ~하는 것이 불편하다

Point Up!

- 요즘 날씨

  As it's winter season in Korea, **the weather has been** very cold.

  지금 한국은 겨울이라 날씨가 매우 춥습니다.

- 계절적 풍경

  Because of the **coldness, there is not much greenery**, and trees on the street are mostly **bare**.

  날씨가 추워서 푸른 잎이 거의 없고, 가로수 잎들도 거의 다 떨어졌습니다.

- 요즘 날씨를 좋아하는지

  I'm not a big fan of winter.

  저는 겨울을 별로 좋아하지 않습니다.

- 이유는 무엇인지

  In particular, **I don't like wearing** bulky jackets and coats.

  특히, 두꺼운 외투와 코트 입는 걸 좋아하지 않습니다.

Model Answer

 Ch15_A02

[요즘 날씨] As it's winter season in Korea, **the weather has been very cold.** During the day, it's more bearable. However, in the early mornings and late evenings, **the temperature drops** significantly. Also, **it becomes** windy. [계절적 풍경] Because of the **coldness, there is not much greenery**, and trees on the street are mostly **bare**. [요즘 날씨를 좋아하는지] **I'm not a big fan of** winter. [이유는 무엇인지] In particular, **I don't like wearing** bulky jackets and coats. But I do like **looking out** the window on a snowy day.

해석

지금 한국은 겨울이라 날씨가 매우 춥습니다. 낮에는 그래도 견딜 만합니다. 하지만 이른 아침과 늦은 저녁에는 기온이 상당히 떨어집니다. 그리고 바람도 더 많이 붑니다. 날씨가 추워서 푸른 잎이 거의 없고, 가로수 잎들도 거의 다 떨어졌습니다. 저는 겨울을 별로 좋아하지 않습니다. 특히, 두꺼운 외투와 코트 입는 걸 좋아하지 않습니다. 하지만 눈 오는 날 창 밖을 보는 건 정말 좋아합니다.

Q3 실전문제 연습하기

Do you have any special memories related to a particular season? When was it? What happened and what made it so memorable? Give me as many details as possible.

계절과 관련된 어떤 특별한 추억이 있나요? 언제였나요? 무슨 일이 있었고, 왜 그렇게 기억에 남나요? 가능한 자세히 이야기해주세요.

● 자신의 답을 만들기 위해 아이디어를 적어 보세요.

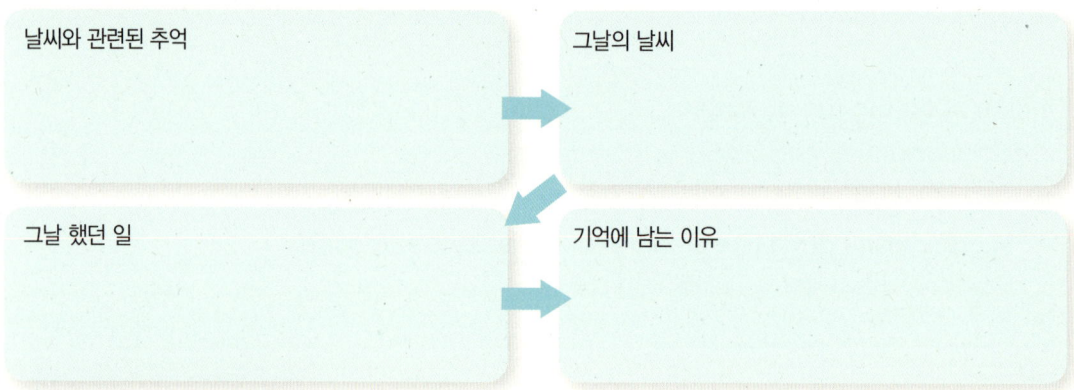

CORE EXPRESSIONS

날씨와 관련된 추억

grow a garden 정원을 가꾸다
go strawberry picking 딸기따러 가다
sled with ~ ~로 썰매를 타다

catch fireflies 반딧불이를 잡다
ice-fish on a lake 호수에서 얼음낚시를 하다

그날의 날씨

breezy 산들바람이 부는
scorching hot 타는 듯 더운

clear and cool 맑고 시원한
freezing cold 얼어붙을 것처럼 추운

rainy 비가 내리는
snowy 눈이 내리는

그날 했던 일

sow seeds 씨를 뿌리다
pick strawberries 딸기를 따다

put fireflies in a glass bottle 반딧불이를 유리병에 넣다
catch a trout 송어를 잡다   sled on a hill 언덕에서 썰매를 타다

기억에 남는 이유

plant one's first vegetable ~의 첫 번째 채소를 심다
pick twin strawberries 쌍둥이 딸기를 따다
cook a fish on a stick 물고기를 막대기에 끼워 굽다

be so bright 아주 밝다
crash into a tree 나무를 들이받다

Point Up!

- **날씨와 관련된 추억**
  When I was a child, my family **used to go chestnut picking** in fall.
  어렸을 때 우리 가족은 가을에 밤을 주우러 가곤 했습니다.

- **그날의 날씨**
  The weather would be perfectly **crisp**.
  날씨는 완벽할 만큼 상쾌했습니다.

- **그날 했던 일**
  For most of the day, we **walked around** the huge farm, **picked chestnuts**, and **put them in our baskets**.
  우리는 그날 거의 하루 종일 방대한 농장을 돌아다니며 밤을 주워 양동이에 담았습니다.

- **기억에 남는 이유**
  My brother and I had the most fun running among the chestnut trees.
  남동생과 저는 밤 나무 사이를 뛰어다니며 정말 재미있게 놀았습니다.

Model Answer

Ch15_A03

[날씨와 관련된 추억] When I was a child, my family **used to go chestnut picking** in fall. **[그날의 날씨]** The weather would be perfectly **crisp**. We woke up early and drove two hours to a chestnut farm. Since we went every year, the owners knew us well. **[그날 했던 일]** For most of the day, we **walked around** the huge farm, **picked chestnuts**, and **put them in our baskets**. **[기억에 남는 이유]** **My brother and I had the most fun running** among the chestnut trees.

[해석]
어렸을 때 우리 가족은 가을에 밤을 주우러 가곤 했습니다. 날씨는 완벽할 만큼 상쾌했습니다. 우리는 아침 일찍 일어나 차로 두 시간 거리에 있는 밤 농장에 갔습니다. 매년 찾는 곳이기 때문에 농장 주인은 우리를 잘 알고 있었습니다. 우리는 그날 거의 하루 종일 방대한 농장을 돌아다니며 밤을 주워 양동이에 담았습니다. 남동생과 저는 밤 나무 사이를 뛰어다니며 정말 재미있게 놀았습니다.

Level-Up! 한국인의 말하기 취약점 분석

정확한 발음

OPIc 평가자들은 수험자가 답한 문제를 모두 듣고 총체적으로 판단하여 채점을 하기 때문에 원어민처럼 유창한 발음을 요구하지 않습니다. 원어민이 들었을 때 이해 가능한 수준이면 IL 레벨 획득에 크게 방해가 되지 않습니다. 하지만 지속적으로 등급 향상을 위해 노력하기 위해서는 이해 가능한 수준, 즉 명확한 발음도 꾸준한 연습을 통해서 향상시키는 것이 좋습니다.

강세의 경우, 같은 단어라도 강세의 위치에 따라 의미가 변할 수 있고, 파생어에서 강세의 위치가 달라서 헷갈릴 수 있으니 유의해야 합니다. 연음이나 유성음/무성음 등 발음 규칙에 너무 얽매이다 보면 유창성이 떨어질 수 있으므로 많이 읽는 연습을 통해 익히는 것이 최선이라고 할 수 있습니다.

● 강세

record [rékərd] 기록 → [rikɔ́ːrd] 기록하다
object [άbdʒikt] 물건, 목적 → [əbdʒékt] 반대하다
photograph [fóutəgræf] 사진 → [fətάgrəfi] 사진술
history [hístəri] 역사 → [histɔ́ːrikəl] 역사적인

● 연음
- 한 단어에서 자음이 세 개 연속일 때, 한 개가 탈락: col**d**ness (코울니스), mos**t**ly (모우쓸리), ches**t**nut (췌스넡)
- s 뒤에 오는 자음 p, t, k 는 된소리: s**k**y (스까-이), s**p**ecial (스뻬-쉬열), s**t**reet (스뜨뤼-잍), s**p**orts (스뽀-츠)
- 앞 단어의 끝이 자음, 뒷 단어의 시작이 모음일 때 연음: think of (띵꺼v), get out (게라욷), walked around (웝떠라운d)
- 모음가 모음 사이에 d, t는 단타음 [r]로 발음: wa**t**er (워러), deci**d**ed (디싸이리d), be**tt**er (베러)

● 유성음/무성음

chan**g**e [tʃeindʒ]: g는 무성음이므로 성대가 울리는 [쥐이]처럼 발음하지 않고 성대가 울리지 않게 [쥐]라고 발음해야 합니다.

bea**ch**es [biːtʃiz]: ch가 무성음이지만 뒤에 유성음이 따라오기 때문에 성대가 울리도록 [취이즈]라고 발음해야 합니다.

OPIc 대비 멀티캠퍼스 Best 온라인 과정

OPIc 전략과정
한국인의 말하기 취약점 분석 기반의 OPIc 전략과정

한국인의 말하기 특징 분석 IL공략	한국인의 말하기 특징 분석 IM공략	한국인의 말하기 특징 분석 IH공략	한국인의 말하기 특징 분석 AL공략

OPIc 막판뒤집기과정
시험장 가기 전에 꼭 봐야 하는 OPIc 전문강사의 생생한 전문 특강 과정

[막판뒤집기] OPIc IM Pass	[막판뒤집기] OPIc IH Pass
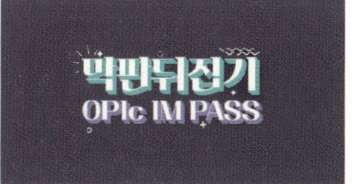	

OPIc 등급공략과정
OPIc 주관사 멀티캠퍼스에서 제시하는 레벨별 맞춤 공략 과정

New OPIc 첫걸음	New OPIc SOS Start	New OPIc SOS IM공략	New OPIc의 정석! IH공략

OPIc 실전과정
OPIc 최고 강사진이 전하는 최신 경향의 실전 대비 과정

OPIc IL Master	OPIc IM Master	OPIc IH Master

중국어 대비 멀티캠퍼스 Best 온라인 과정

TSC 전략 과정
단기간 레벨 UP!을 위한 핵심 전략과 유형별 공략법을 제시하는 국내 최고의 TSC 대비 과정

한달에 끝내는 TSC 첫걸음 3급공략

한달에 끝내는 TSC 실전테스트

초단기 TSC 4급공략

초단기 TSC 4급공략 실전테스트

TSC 막판뒤집기과정
TSC 대비를 위한 단, 6시간 막판뒤집기 족집게 과정

[막판뒤집기] TSC 3급 Pass

[막판뒤집기] TSC 4급 Pass

OPIc중국어 전략과정
OPIc 평가 주관사 멀티캠퍼스에서 개발한 국내 유일무이한 OPIc 중국어 대비 과정

New OPIc 중국어 첫걸음

OPIc 중국어의 정석! IM공략

OPIc 중국어의 정석! IH공략

新BCT 전략과정
새롭게 바뀐 BCT 문제 유형 분석을 통한 시험 완벽 대비 및 비즈니스 중국어 회화 능력을 향상할 수 있는 과정

초단기 新BCT Speaking 공략

초단기 新BCT Speaking 실전테스트

新BCT 첫걸음 A형 공략

新BCT 첫걸음 B형 공략

온라인 교육과정 문의 TEL 1544-9001 | Website www.opic.co.kr